世界基準の教養 for ティーンズ

はじめての
哲学

JN012223

日本語版監修
戸谷洋志

翻訳
川野太郎

文　ジョーダン・アクポジャロ＋レイチェル・ファース＋ミンナ・レイシー
絵　ニック・ラドフォード

河出書房新社

目次

第1章：知識　　　　　　　　　　　　　　　　　　　17

この世界のことを、どうやって知ればいいんだろう?
——きみは何かを知っているとはっきり言える?

第2章：心　　　　　　　　　　　　　　　　　　　　29

心は体とどう違うんだろう?
きみは心をコントロールできているだろうか?

第3章：美と芸術　　　　　　　　　　　　　　　　41

美や芸術って何だろう?
そして、この質問に答えるのはどうして難しいんだろう?

第4章：神　　　　　　　　　　　　　　　　　　　　53

もし神がいるなら、その存在を証明することはできる?

第5章：政治　　　　　　　　　　　　　　　　　　65

全員が納得できるルールで、
だれもが公平で幸せに暮らす社会を作ることはできる?

第6章：よく生きるには　　　　　　　　　　　　77

何が正しい行動かわからないとき、
哲学を使えば答えは見つかるだろうか?

読者のみなさんへ

　この本は工夫の凝らされた哲学の入門書です。日常生活での事例を使いながら、本格的な哲学の世界を案内してくれます。まずはじっくりと、そのページで議論されていることに向かい合い、思考を深めていってください。早く読み終わろうと焦ってしまい、大事な話を飛ばしてしまっては勿体ないですよ。また、この本はどの章から読み始めても大丈夫です。自分が関心のあるテーマの章から取り掛かってもいいでしょう。ただし冒頭の部分は、最初に読むことをおすすめします。そこでは、哲学という学問の特徴や、その基本的な考え方が説明されているからです。

　最後に、この本を読み終えたら、必ず本棚の分かりやすいところにしまっておいてください。きっとあなたは、これから先の人生で、本書で扱った問題に、何度も違った形で遭遇するでしょう。そのとき、またこの本を取り出して、ページを開いてみてください。きっとこの本は、いつまでも、あなたの味方になってくれるはずです。

戸谷洋志（哲学研究者）

哲学って何?

私たちのいるこの世界とは、美しさとは、神とは……
哲学は、そういったことを考えるための方法だ。
哲学者たちはこれらの壮大なテーマの真相に迫るために、壮大な問いかけをする。

でも、哲学は哲学者だけのものじゃない。
きみもこんな疑問を抱いたことがないだろうか……?

もし宇宙人がいたら、私たちと同じように「これは正しい」とか「間違っている」と考えたりするのだろうか?

神の存在を証明できる人はいる?

宇宙に終わりはあるの?

まったく何もしない、という状態はありえるのかな?

芸術作品とそうでないものの違いって?

別のだれかを傷つけてでも人を助けたほうがいいの?

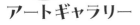

アートギャラリー

科学者が人間そっくりに動く機械を作ったら、その機械には感情があるのかな?やさしくしてあげなきゃいけない?

どうして政府の言うことを聞かなきゃいけないんだろう。だいたい、政府なんて、ないといけないの?

動物に権利はあるの?

ポイ捨て禁止

ここにはSFのような問いもあれば、
私たちの日常生活に影響するような問いもある。
こういう疑問は、私たちの行動から
国の運営方法、私たちが頼っている法律まで、
あらゆることに関係があるんだ。

哲学の世界

哲学が取り組む問題はたくさんあるから、たいていはさまざまな分野に分かれている。
ここではそのうちのいくつかと、
それぞれの分野が取り組んでいる問題を紹介（しょうかい）するよ。

知識とは何であり、
どうやって身につけるのか？

原因が結果の後に
起こることはある？

認識論（にんしきろん）（知識）

形而上学（けいじじょうがく）
（現実、時間、
私たちは何者なのか）

この世界についてきみが
思っていることは間違い（まちが）ないと
確かめることはできる？
そもそも、そんなことを
確かめないといけないのかな？

物事は時間が経（た）つと
どのくらい変化するの？
変化した後でも、それは
以前と同じものなのかな？

宗教

心

神は存在する？
それを証明することは
できる？

すべてを創造した
神がよい存在なら、
なぜこの世には
悪いことがあるの？

私たちに
何かを選ぶ
自由はある？

〔意識がある〕って、
どういう
ことなんだろう？

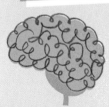

道徳的に
正しい行いって
何？

なぜ環境に配慮
しなければいけないの？

倫理学
（道徳論）

善悪は、
私たちがどう感じるか
とは関係がないの？

私に自由意志が
ないとしたら、自分のしたことに
責任は生じる？

美学
（美と芸術）

美しさって何？

自由って何？

芸術って何？

政治理論

真実であると同時に
間違いでもあるような
文はある？

人はものを
ひとりじめしても
いいの？

論理と言語

一番いい
政府とは？

たったひとりにしか通じない言語なんて
ありえるだろうか？

哲学をやってみる

哲学者はすべてのもの、どんなものにも疑問を抱く。
彼らは思想や概念、理論や主張に疑問を投げかける。自分や他の哲学者が
抱いた疑問にさえ、さらなる疑問を抱くんだ……。

でも、どうしてそんなに
たくさんの質問をするの？
何のために？

大切なのは、
哲学をやる以上、当たり前のことは
何もないってことよ。

絶対に間違いない、
と思っていることでも？

そう。そういうのは
とくに注意しなきゃ。

例がほしいな。

明日、太陽が昇ることを
きみは何で知っているの？

だって、いつものことでしょ。

そうね。じゃあ、
太陽が昇らないことは
想像できる？

うん、できるよ。

想像できるっていうことは、
太陽が昇らない可能性がある、
とは思っているのよね。

うーん、うん……。

昇るかもしれないけど、
絶対に昇るとは言い切れないでしょ。

そうだね。でも、
言い切れないといけないの？
確かに昇りそうな
気がするんだよ！

でも「気がする」っていうだけで、
それを信じていいの？

よくわからないよ！

大丈夫。
日の出についてはまた後で話そう（→ p.107）。
大切なのは、きみが哲学を実践する
コツを摑み始めているってことだよ。

ほんとに？

ほんとよ！　私たちが今している会話が、
まさに哲学そのものなの。とくに、こんなふうに
〔質問して、答える〕っていう方法を使えば、
哲学はそれほど難しくないのよ。

〔質問して、答える〕という哲学の方法は、数千年前の古代ギリシャで始まった。この方法を
よく使っていた哲学者ソクラテスの名前にちなんで、〈ソクラテス式問答法〉と呼ばれることも
ある。じつは「哲学」という言葉も「知恵を愛する」という意味の古代ギリシャ語に由来して
いるんだ。ここでは、哲学を上手に行うためのヒントをふたつ紹介しよう。

ソクラテス

だれかが何かを主張しているときは、
注意深く耳を傾けよう。

礼儀正しくしていよう。
「主張」するときでも、落ち着いて、
冷静に自分の考えを伝えたり、
相手の考えに疑問を投げかけたり
することはできるはずだ。

9

主張のしかた

何でも質問すれば哲学になる、というわけじゃない。
適切な主張の仕方を知っておかなくちゃいけないんだ。
主張の真偽を見分ける方法を知っておくと、なにかと役に立つよ。

主張は哲学をやる上での重要な道具で、**前提** と **結論** というふたつの要素で成り立っている。

前提

前提は、
正しいか間違っているか、
まだわからない文のこと。

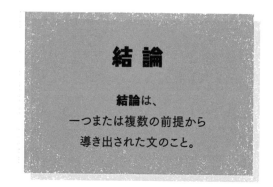

結論

結論は、
一つまたは複数の前提から
導き出された文のこと。

いい主張は、前提がちゃんとしていて、結論を信じられるような主張だ。
ここでいくつかの主張を紹介しよう。ただし、すべてがいいものとはかぎらないよ。

	前提1	前提2	結論
A	サッカーボールはすべて丸い。	これはサッカーボールだ。だから……。	このサッカーボールは丸い。
B	茶色の髪の人の目はすべて茶色だ。	この人の髪は茶色だ。だから……。	この人の目は茶色い。
C	すべての猫は動物だ。	私のペットのネズミは動物だ。だから……。	私のペットのネズミは猫だ。

哲学者は、**論理**という仕組みを使って主張を検証する。

もし前提が正しくて、結論もその前提から正しく導き出されているなら、それはいい主張だ。

ところで、主張BとCに間違いがあるのに気づいたかな?

これらはふたつとも、それぞれ別の理由でよくない主張なんだ。

Bは、前提の一つである前提1が誤っているので、よくない主張だ。

茶色の髪の人はみんな目が茶色いというのは**間違い**だよ。

前提1が誤りであることに気づけば、結論を信じる理由はなくなるよね。このように破綻している主張は**脆弱**な主張だ。

Cは、結論が前提から導き出されていないので、よくない主張だ。

前提1と前提2は正しいと思う。でも、結論はその前提から導き出されたものではないよね。

このような理由で主張が失敗している場合、その主張は**無効**になる。

論理は、哲学的な主張だけでなく、日常的な主張を検証するのにも、とても役立つ道具だよ。なぜその主張が正しくないかを説明できれば、だれでも考えを先に進めることができるの。

思考実験

哲学のもう一つの重要な道具は**思考実験**と呼ばれている。
それは「もし……だったら」という問いかけのことで、
そこから疑問が次々とわいてくるんだ。思考実験はとてもおかしな状況を
想像させることもあるので、驚かないようにね。

もし私が体を使って
歩き回っているのではなく、
じつは体を持っていると
思いこんでいる、ケースの中の
脳みそだったとしたら？

ひとりを殺せば
10 人を救えるとしたら、
どうするのが正しいだろう？
殺さなければいけないそのひとりが、
もしきみの兄弟姉妹だったら？

自分から刑務所に入って、
独房から出たくないという人は、
それでも自由なんだろうか？

森の中で木が倒れて、
その音を聞く人がいなかったら、
木は音を立てたことになる？

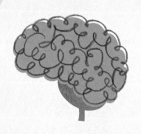

思考実験を聞いて最初に思ったことについて、どんどん次の疑問や答えが出てきたら、それはいい思考実験だよ。思考実験が示す状況は、実際にはなさそうでもいいし、物理的に不可能でもいいけれど、意味が通っている必要はある。例えば「四角い円を想像して」というのは、あまりよくない。

同一性（アイデンティティ）について私たちが抱いているイメージに
疑問を投げかける思考実験を紹介しよう。

このテディベアをずっと持っているんだってね。
これが赤ちゃんのときにもらったものと同じだと、
どうして思うの？

うーん、見た目が同じで……
パーツも同じだから。

じゃあ、時間が経つにつれて、
元のクマのパーツが消耗していたとしたらどう？
何年もかけて、古いパーツが新しいパーツに
取り換えられていったのよ。

本当にそんな感じだったよ。

じゃあ、このクマには
元のパーツが一つもなかったら？
前のと同じテディベアだと言える？

絶対とは言えないけど、そう思うよ。
変わった部分があっても、同じものである
ことには変わりないんじゃないかな。

そうかもね。じゃあ、交換された元のパーツが大切に引き出しに
しまってあったとしましょう。そして数年後に、その部品を使った
オリジナルとそっくりのクマができあがるの。

でも、もしそうなったら？
きみが赤ちゃんのときにもらったクマはどっち？

そんなことありえないよ！

 交換された
パーツでできた
「オリジナル」のクマ？

それとも、オリジナルの
パーツでできた
「交換された」クマ？

うわあ、それはよく考えないといけないな……。

テディベアの代わりに、きみ自身
について同じような質問をするこ
ともできるんだよ。
詳しくはp.96-99を見てみよう。

なぜ哲学をするの？

だれかのスピーチを大勢が聞いているとしよう。
その中には、自分でも気づかないうちに
「哲学をやっている」人がたくさんいるかもしれない……。

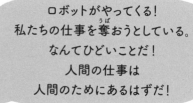

科学者たちは今日、
最初の人造人間の電源を
入れたと発表した。
人間の脳とそっくりに働く脳を
持つロボットだ。

ロボットがやってくる！
私たちの仕事を奪おうとしている。
なんてひどいことだ！
人間の仕事は
人間のためにあるはずだ！

そんなニュース、
本当に信じられる？
まるでSFみたい！

私のスマートフォンも
かなり賢いよ。それも
ひとりの人間として
数えられるのかな？

ロボットのスイッチを
切ったら、ロボットを
殺したことになるんだろうか？

もし彼らの脳が
私たちと同じなら、
そのロボットは本質的に
人間なんじゃない？

ロボットが
仕事をすることが
そんなにダメなの？

個人的には、
新しいロボットの
支配者を
歓迎したいな。

だいたい、人間の
何がそんなに
特別なんだ？

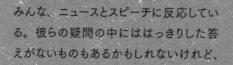

みんな、ニュースとスピーチに反応している。彼らの疑問の中にははっきりした答えがないものもあるかもしれないけれど、それを問いかけて話し合うだけでも、結果的に社会の未来を変えることになるかもしれない。これが実践哲学の一例だ。

質問をするときはいつでも哲学をしているということ?

いいえ。すべての質問が哲学的というわけではないけど、哲学的な質問はたくさんあるってことよ —— とくに、とても基本的な考えかたに疑問を投げかけるようなものね。

例えば?

例えば、「よい」と「悪い」という言葉の本当の意味は何だろう?

そして、「悪い」ことと「よい」ことは、どうやって見分けるの? そもそも、そうやって分けることが本当に大切なこと?

ちょっと面倒だし、難しそうだね。

確かに哲学には難しいイメージがあるよね。でも、哲学の考えかたのほとんどは、理解するのは難しくないのよ——ただ集中すればいいだけ。

議論するときには正確な言葉を使うことがとても大切だから、哲学者は注意深く聞いて、読み、正確な言葉を選んでいるの。

大変じゃない?

議論に取り組むのは時間がかかるけれど、魅力的でとても満足感があるものだよ。それに、議論をすることで、現実の問題をより深く理解することもできるの。

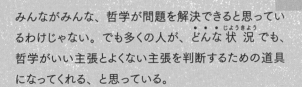

みんながみんな、哲学が問題を解決できると思っているわけじゃない。でも多くの人が、どんな状況でも、哲学がいい主張とよくない主張を判断するための道具になってくれる、と思っている。

心の外には本当に
現実の世界があるの？
それを
証明することはできる？

考えられる中で
一番基本的な
事実って何？

自分が信じている
ことが本当かどうか、
どうやって
確かめる？

第1章

知識

人が「知識」と言うとき、
みんなが同じことを思い浮かべているとはかぎらない。
思い浮かべているのは
〔何かのやりかたを知っていること〕かもしれないし、
〔人や物事に詳しいこと〕かもしれないし、
〔何かが真実であると知っていること〕かもしれない。

哲学者がおもに関心を持つのは三つ目、
つまり**事実**についての知識だ。哲学者はこう問いかける
――私たちはどうやってものを知るのだろう?
そもそも知識とは何だろう?
本当に何かを知ることはできるのだろうか?

何かを本当に
知ることはできる?

きみは「もちろんできるよ」と答えたくなるかもしれない。
でも、そうとも言えないぞ、ときみに思わせるような強力な主張もある。
それが**懐疑論**だ。懐疑論は、明白でなによりも確かだと思えることさえも
疑わせようとする。こんな思考実験を見てみよう。

ケースの中に脳があるとしよう。脳に接続されたスーパーコンピュータが、
歩いたり話をしたりする人間の経験すべてを脳に与えている。
脳は自分のことを、歩いたり話をしたりする人間だと思いこんでいる。

ケースの中の脳の経験は普通の人間のもの
とまったく同じで、ふたつを見分ける方法は
ない……。

……でも、ケースの中の脳の経験とレグの
経験の根拠は、まったく別のものだ。

ケースの中の脳が自分の状態を知る手段
がないとしたら、きみは自分がケースの中
の脳でないと言い切れるだろうか?　言
い切れないだろう。

この主張は、きみはケースの中の脳なん
だ、と信じさせようとしているのではなく、
「そうではないとは言い切れない」と説得
しているんだ。

バカげてるよ！
私がケースの中の脳じゃないのは
明らかだもの。

明らかに思えても、
それをどう証明するの？

まず、私には
指とつま先があるし……。

コンピュータが指やつま先を
経験させているだけかもしれないよ。

すべてはコンピュータの働き
かもしれないんだから、経験を持ち出しても
まったく意味がないよ。

懐疑論が伝えたいことは何だろう？　自分がケースの中の脳ではないと「知る」ことができないのなら、
現実が自分の思っている通りだとはっきり言えるだろうか？
もし言えないのであれば、**本当に何かを知ることはできるのだろうか？**
どうも、できない、と言うしかなさそうだ……。

常識で考えれば、「この主張はおかしい」と思えるよね。でも、常識が間違うこともあるはずだ。
なにしろ、昔は地球が平らだと信じられていたくらいだから。私たちは本当に常識に頼っていいんだろうか？

懐疑論にたいする哲学者たちの意見をいくつか紹介しよう。

私たちの経験が生身の感覚から
もたらされるという説明は、
スーパーコンピュータからもたらされる
というより単純だ。最も単純な説明を
受け入れることが理にかなっている。

確かに私はケースの中の脳
かもしれないが、そう考えるべきだと
するまともな理由はない。
実際、その可能性はかなり低いと思える。
確かに**すべて**の疑いをなくすことはでき
ないけれど、すべての疑い
をなくさなくても**知識**は
得られるはずだ。

外の世界が存在することは
証明しなくてもいい。
それが存在しないことを証明するのは、
懐疑主義者の仕事だ。

どう思う？　納得がいく回答があったかな？　自分がケースの中の脳ではないことを
知ることはできるのだろうか。もし**できない**としても、それは本当に大切なことだろうか？

物事を知るには？

仮に〔知る〕ことができるとしよう。
たまに間違うことはあるけれど、私たちが知っていると思っていることの多くは、
本当に知っていることなんだ、と。でも、自分が信じていること（信念）が
本当の知識かどうかを、どうやって確認するんだろう？

J・K・ローリングが新作を
書いたことは知ってるよ。

どうして知ったの？

新聞で読んだのよ。

だからといって
それがなぜ真実だと思うの？

新聞で読んだことは
信用できるでしょ。

でも、なぜ新聞を
信じられるの？

だって、だって……
とにかく信じられるの！

困るのは、この質問はここで終わらないか
もしれないということだ。質問は永遠に続
くかもしれない、という哲学者もいる。そ
れが**無限後退**だ。

あることを信じている理由を考えだすと、いつもその〔なぜ〕はすぐに〔無限後退〕になる。「なぜ」があるかぎり、そうやって無限に続く〔なぜ〕は……。

それの何が困るの？

信念の正しさを確認する作業に
終わりがなければ、
何かを完全に正しいと言うのは
不可能ってことになるよね……。

でも、別の方法もあるんだ。

いいね！ 教えてよ。

それほどよくないかもね。
「なぜ」と「なぜなら」がずっと続くかわりに、
今度は説明が堂々巡りすることに
なるかもしれないんだ。

ああ、こういう感じ？

それがどうしてよくないことなの？

こうなると、どんな信念も、別の信念が
ないと説明できないことになる。もしすべての信念が
互いに頼り合っているとしたら……

……どんな信念も絶対に
正しいとは言えなくなるよね。

じゃあ何かを
本当に知ることはできないんだね。
また懐疑論の疑問に戻っちゃった！

そうともかぎらないよ。

こうした逆戻りや堂々巡りを避けるために、知識の仕組みを全体的なものと考えればいい、と言う哲学者も多い。

彼らによれば、知識とは建物のようなものだ。私たちが知っていることすべてが信頼できる信念という頑丈な土台に支えられていれば、その土台の上の知識も（間違いないように積み上げれば）正しいものになるはずだ。

我思う、
ゆえに我あり。

甥は私の
兄弟の息子だ。

2 + 2 = 4

この芝生は
青く見える。

知識を積み上げる

知識はしっかりした土台の上に成り立つ、という理論を**基礎づけ主義**という。
基礎づけ主義者たちの中でも、どの信念が基礎を作っているのかについては
いつも意見が同じになるわけではない。
でも、それ以上正当化する必要がない信念があるはずだ、という点では一致しているんだ。
そのような信念は**基本的信念**と呼ばれている。
この信念は、**非基本的信念**と呼ばれる他の信念を支えることができる。

どんな仕組みになってるの?

はじめに一番下の
レンガがあって、どのレンガも
上のレンガを支えているんだ。

非基本的信念
私は隣の家が
羊を飼っていると信じている。

非基本的信念
私は家の隣の草原に
羊がいると信じている。

基本的信念
私の家の隣の草原に、
白い毛むくじゃらの動物が見える。

もちろん、これは間違っているかもしれない。
羊は家の隣の草原に迷い込んだだけで、
本当は別の人のものかもしれないよね。

知識とは土台のある建物ではなく、お互いに結びついた信念の網目のようなものだ、という哲学者もいる。ひとかたまりの信念が支離滅裂ではなく（同じかたまりの信念どうしが互いに矛盾しない）、首尾一貫していれば（すべての信念が互いに支え合っている）、その信念は理にかなっていることになる。例えば、ここにクモが抱いている信念のかたまりがあるとしよう。

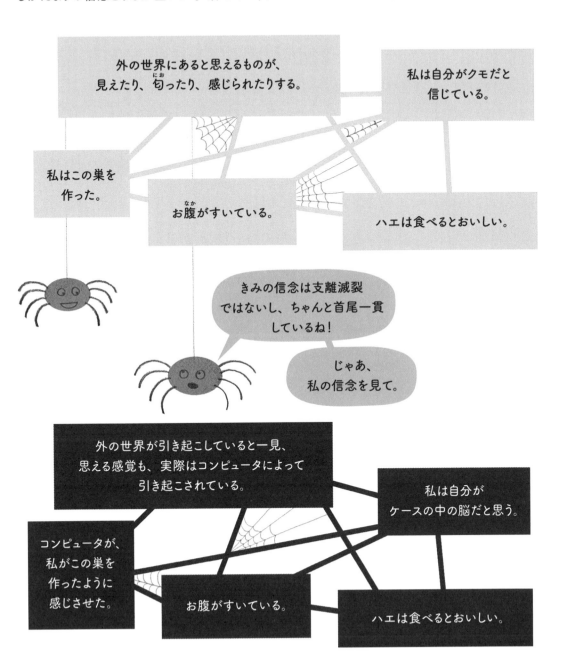

外の世界にあると思えるものが、見えたり、匂ったり、感じられたりする。

私は自分がクモだと信じている。

私はこの巣を作った。

お腹がすいている。

ハエは食べるとおいしい。

きみの信念は支離滅裂ではないし、ちゃんと首尾一貫しているね！

じゃあ、私の信念を見て。

外の世界が引き起こしていると一見、思える感覚も、実際はコンピュータによって引き起こされている。

私は自分がケースの中の脳だと思う。

コンピュータが、私がこの巣を作ったように感じさせた。

お腹がすいている。

ハエは食べるとおいしい。

どちらの信念も支離滅裂ではなく、首尾一貫している。でも、ふたつの結論はまったく違っていて、どちらのクモが正しいかを見分ける方法はない。

つまり、きみの信念がすべて支離滅裂ではなかったとしても、間違っている可能性はあるんだ。

知識って何?

何かを知っている、というのは、その何かが真実であり、
かつ、きみがそれを真実だと〔信じている〕状態のことだ——多くの哲学者がそう考えている。

ピーターは
バスケットボールが
できるのを、私は信じてる。

彼（かれ）が本当にピーターなら、これは知識だ、とはっきり言えそうな気がするよね。
でも、これが知識のすべてなのだろうか?　こんな会話を想像してみよう。

聞いた?
テイラー・スウィフトの新曲が今週の
シングル・セールスのトップになったんだって。

うん!
きのう夢で見たよ。

えー、そうなの?
ふうん。私は今週読んだ
音楽雑誌で
知ったんだけど。

ジェーン

ビル

テイラー・スウィフトのシングルが本当にトップセールスだったとしよう。ビルは本当にそれを知っていると言えるだろうか?　ジェーンはどうだろう?　ジェーンは知っているがビルは知らない、と思えるなら、ふたりの信念はどう違うんだろう?　なぜ一方は知識と認められて、もう一方は認められないんだろう?　ふたりが真である信念を持った（現実に確かにあったことを、嘘や想像ではなく、本当のことだと確信した）**理由**に、その答えがある。

ビルが信じている理由は正しいと思えないけれど、ジェーンが信じる理由は正しいと思える。哲学者ならこれを〔ジェーンの真である信念は正当化さ れるが、ビルのそれは**正当化・されない**〕と言うだろう。このことから考えると、知識を説明する、新しい、もっといい言葉が出てこないだろうか？

> 何かを知るためには、それが真実でなければならず、それが信じられなければならず、その信念が正当化されなければならない（つまり、その信念には納得できる理由がなければならない）。

信じる理由

もう一つ思考実験をしてみよう。ヘンリーが髪を青く染めたとする。

街でヘンリーを見かけたアンナは……

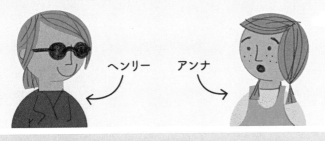

ヘンリー　アンナ

……ヘンリーが髪を青く染めたという真である信念を形づくる。

そのころ、マットはエリックを見かける。
エリックはヘンリーに見間違うほどそっくりで、髪も染めている。

エリック　マット

彼はヘンリーが髪を青く染めたと思いこむ。

ほとんどの人が、アンナはヘンリーが髪を染めていることを知っていると考えるだろう。街で彼を見かけたことは、それを信じていい理由に思えるんだ。彼女が知っていることは、**正当化された真である信念**という知識の説明にぴったり合う。

でもマットはどうだろう？　もちろん彼はそれを知らない。マットはヘンリーを見たわけではないから、ヘンリーが青い髪をしているという信念が真実だったのは単なる偶然だ。
こうしてみると、知識の説明にもう一つ条件を加える必要があるかもしれない。

> 正当化された信念は、他の間違った信念に頼ってはいけない。

あるいは、知識の新しい定義を考え出さなければいけないのかもしれない。
次のページに行ってみよう。

どのように知るかを知る

何かを知るために必要なのは、〔事実〕と〔その事実を信じること〕を結びつける**因果のつながり**だけだ、と考える哲学者もいる。それが**知識の因果説**だ。

因果説を使えば、なぜアンナは知っていてマットは知らないのかを説明できる。ヘンリーが髪を染めたのをアンナが知っているのは、彼女の信念の原因が、髪の青いヘンリーを見たことだからだ。でもマットの信念はそうではない（エリックを見たことが原因だった）から、彼はそれを本当には知らないことになる。でも、因果説では、信念の理由を説明できなくても、何かを知ることができるんだ。

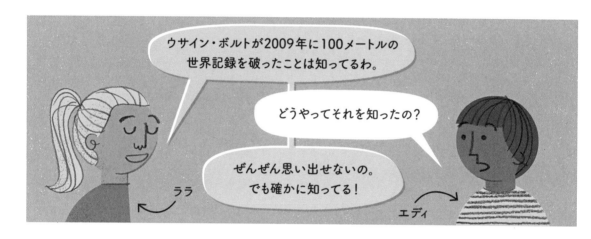

> ウサイン・ボルトが2009年に100メートルの世界記録を破ったことは知ってるわ。

> どうやってそれを知ったの？

> ぜんぜん思い出せないの。でも確かに知ってる！

ララ

エディ

知識が〔正当化された真である信念〕だとすれば、自分の信念に正当な理由がないララは、知ってはいないことになるだろう。

でも因果説によれば、事実と最終的な信念のあいだに因果のつながりさえあれば、ララは知ることができるんだ。例を見てみよう。

一番大きく、速くて、高い

ダラン・ストッパート

出来事：
ウサイン・ボルトが2009年に世界記録を更新する。

その様子がニュースで放映される。

ジャーナリストがニュースを見る。

彼がそれについて本を書く。

ララが本を読む（が、その後読んだことを忘れる）。

今のところ、因果説はかなり優れているみたいだ。

ところが、アメリカの哲学者アルヴィン・ゴールドマンがこんな思考実験を思いついた。

田舎をドライブしているアメリアが、納屋を見て「納屋がある」という〔真である信念〕を形づくる。

アメリアが納屋があるのを知っているらしいのは、〔納屋があること〕と〔納屋があると彼女が信じること〕のあいだに因果のつながりがあるからだ。彼女の信念は〔納屋を見ること〕で生じ、〔納屋を見ること〕は〔納屋がそこにあるという事実〕によって生じている。

ところが、アメリアは知らなかったのだけど、この地域には〔本物の納屋〕そっくりの〔偽の納屋〕がたくさんあったんだ。アメリアが見た納屋は本物だけれど、偽物を見ていた可能性もある。もし偽物を見ていたなら、アメリアの信念は間違っていたことになる。

偽の納屋

本物の納屋

偽の納屋

偽の納屋

あそこに納屋があることを、アメリアは本当に知っていることになるだろうか？　彼女は運がよかっただけではないのだろうか。きみは〔アメリアは本当には知らない〕と思うだろうか？　だとすると、〔アメリアの真である信念〕と〔納屋がそこにあること〕のあいだに因果のつながりがあるだけでは、アメリアがそれを「知っている」とは言えない、ということだ。じゃあ、この理論もどこか間違っているんだろうか？

こうなると、知識とは何かをつきとめるなんて無理だと思うかもしれない！

でも、これは哲学の世界ではよくあること。もどかしく感じることもあるけれど、それも哲学の過程の一部なんだ。

なにしろ、哲学者が提唱するどんな理論にも、その理論がまったく通用しないことを示す別の例があるようなんだ。

納得のいく答えが見つかったと思う人もそうでない人も、考えが整理されて、新しいことを学べたんだ、と捉えてみよう。

あなたは心を
コントロールしている?
それとも心に
コントロールされている?

ロボットに脳はない
——じゃあ心はどう?

他人が私と同じように
世界を体験しているかどうか、
どうすればわかる?

第2章

心

心とは何だろう？
心は世界とどのように関係しているんだろう？
こういったことを考えるのが「心の哲学」だ。
心についてのさまざまな考えを探求すれば、
自分やまわりの人々を、
新しい視点で見ることができるかもしれない。

他人に心はあるの?

他人の頭の中で起こっていることを知るのはいつも難しい。
考えているらしいことを説明することはできても、
実際に頭の中を見ることができる、とは思っていないよね。
このせいで混乱することもあるかもしれない。

人の心を私的なものだと言う哲学者もいる。
つまり、人の考えや感情はその人だけにしかわからないもの、ということだ。
他の人たちの経験は、きみが期待しているものとはまったく違うかもしれない。

他人に心があると、どうやってわかるのだろう? 考えや感情を持っているように見えたとしても、
頭の中では何も起こっていない、ということはないだろうか?

きみはこう言うかもしれない。「でも、私には経験や感情や思考がある。
他の人たちも私と同じように行動して、見た目も似ているから、
彼らにも心があると考えていいんじゃないかな?」でも、この推論は間違っている。
なぜか。こんな例を見てみよう。

1. きみは茶色の犬を見た。

2. きみはすべての犬が茶色であると結論した。

すべての犬が茶色いわけはない。
つまり、たった一つの例から一般的な結論を出すことはできないんだ。
そのためには、同じことが複数の場合に当てはまることを示さなくてはいけない。
でも、心についてはそれができない。なぜなら、確かなのは自分が心を持っていることだけだからだ。

常識では、人はみな心を持っている。そう考えれば、人々の行動も簡単に説明できる。
でも、なぜ私たちは常識を信用しなければならないのだろう?
ここで試しに、パーティーでの人々の行動を説明してみよう。

説明1:だれもがきみと
似たような心を持っている。

そりゃあみんな踊るよね。
みんなこの曲が
大好きなんだから!

説明2:他人には心がない。

頭の中で何も起こっていないのなら、
なぜみんな曲に合わせて
動いているんだ? 気持ち悪い!

心と体の関係

ほとんどの人が、心と体にははっきりとした違い_{ちが}があると感じている。

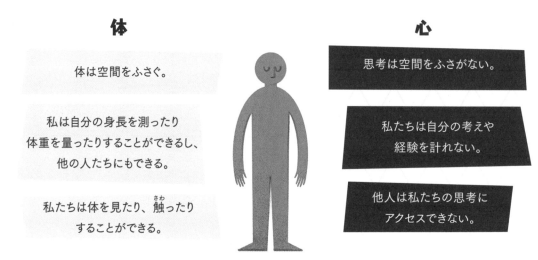

体

体は空間をふさぐ。

私は自分の身長を測ったり
体重を量ったりすることができるし、
他の人たちにもできる。

私たちは体を見たり、触_{さわ}ったり
することができる。

心

思考は空間をふさがない。

私たちは自分の考えや
経験を計れない。

他人は私たちの思考に
アクセスできない。

じゃあ、体と心の関係はどうなっているのだろう?
哲学者たちはこれを**心身問題**と呼び、さまざまな理論を展開してきた。

1. 心と体は別々のものである

この理論によれば、体は空間を占_しめる物理的なものだけれど、心は物理的ではなく、空間を占めることもない。じゃあ、物理的ではない心が、物理的である体に変化をおよぼすことはできるのだろうか?

ケーキが
食べたい!

ぼくはケーキに
手を伸_のばす。

物理的ではないもの
(欲求)

物理的なもの
(行動)

空間をふさがないものが空間をふさぐものに影響_{えいきょう}を与_{あた}えることはできない、と言う哲学者もいる。心と体は別々のものだと言ったところで、彼_{かれ}らの疑問はなくならないんだ。

2. 心は脳である

心を説明するもう一つの方法は、心と脳を同じものと捉えることだ。哲学者はこれを**心脳同一説**と呼ぶ。この考えかたによれば、ある人の心で起こっていること（その人の**心的状態**）は、その人の脳内で起こっていることと結びつけることができる。大まかな例をふたつ見てみよう。

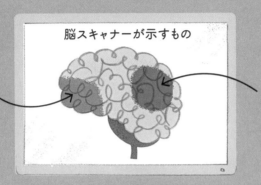

ある人が
ケーキを食べたいという
欲求（心的状態）を
感じたとき、脳の
この部分が使われていた。

脳スキャナーが示すもの

その人が痛み
（別の心的状態）を
感じたとき、
脳のこの部分が
使われていた。

すべての心的状態は、脳内の特定の働きと同じ、という考えかただ。
でも哲学者たちは、こんな問題を指摘している。

多くの動物は、痛みなどの心的状態を感じている様子を見せる。でも、彼らの脳は私たちとはまったく違うかもしれない。

心脳同一説によれば、痛みは脳の特定の働きなので、動物は論理的には痛みを感じない──もしくは、感じるとしても、動物が感じる痛みは人間が感じる痛みとは違うことになる。

ここで思考実験をしてみよう。人間とまったく別の体を持つ宇宙人を想像してみてほしい。宇宙人は痛みを感じることはできるだろうか？

宇宙人には脳がなく、頭の中には光るベトベトがあるのかもしれない。でもだからといって宇宙人は、私たちが感じるような痛みを感じることができないのだろうか？

心と体の疑問を解決するためには、痛みのような心的状態を、それを経験する「すべてのものたち」に当てはまるように定義しなくてはいけない。でも、もし痛みが脳の特定の部分と結びついているなら、その部分を使わなかったり持っていなかったりするものは痛みを感じない、ということになりかねない。心脳同一説は、うまく当てはまる範囲が狭すぎるのかもしれない。

3. 心とは、心がすること

心脳同一説とは別の理論に**機能主義**がある。この考えかたでは、
「何をするのか」、あるいは「心の機能は何か」という視点から心的状態を定義する。
私たちは、この方法で身の回りのたくさんのことを説明している。
例えば時計は、その材料が何かとか、どんなふうに動くかに関係なく、
時間を知らせるもの、と説明されている。

3時です

アナログ時計

デジタル時計

日時計

しゃべる時計

でも、これをどうやって心的状態に当てはめれば
いいだろう？ 機能主義者はよく心をコンピュータ
にたとえる。コンピュータと同じで、心も**インプット**
を受け取り、**アウトプット**して反応するからだ。心

的状態とは、インプットに応じてアウトプットするも
ののことなのではないだろうか。言い換えれば、
心的状態がするのは——つまりその機能は、アウ
トプットを引き起こすことなのだ。

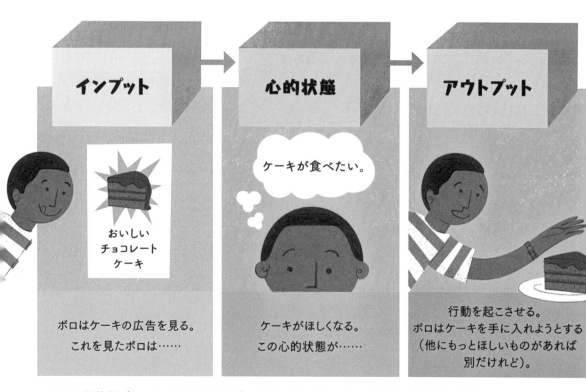

インプット

おいしい
チョコレート
ケーキ

ボロはケーキの広告を見る。
これを見たボロは……

心的状態

ケーキが食べたい。

ケーキがほしくなる。
この心的状態が……

アウトプット

行動を起こさせる。
ボロはケーキを手に入れようとする
（他にもっとほしいものがあれば
別だけれど）。

ある心的状態（ケーキがほしくなること）を成り立たせているのは特定の脳活動ではなく、
〔ケーキを食べようとする〕というアウトプットが**起きた**という事実だ。

こうしてみると、機能的な説明は、それが人間のものであれ、動物、エイリアン、ロボットのものであれ、どんな心にも通用する。さまざまな時計が時を告げるように、さまざまなものがいろいろな素材を使って、心の働きをすることができるわけだ。そんな心の働きをする可能性のあるものを見てみよう。

人間の脳細胞（さいぼう）

ケーキが食べたい。

ロボットのマイクロチップ

ケーキを手に入れる。

宇宙人の
……想像もつかないもの

パン屋に
連れて行け！

でも、機能主義では説明できないこともある。欲求や痛みは、特定の状況（じょうきょう）をもたらす機能というだけではなく、私たちが感じているものでもある。だから心的状態の〔感じかた〕と〔働き〕のつながりも説明してほしくなるけれど、機能主義にはそれができないんだ。

心的状態が経験することは説明できない、と考える哲学者もいる。痛みを感じない宇宙人に、痛みについて説明しようとするところを想像してみてほしい。

説明してみることはできるけど、私が感じたことを経験しないかぎり、宇宙人には理解できないと思うわ。

足の指を踏（ふ）んづけたり、舌を噛（か）んだりしたことはない？　すごく不快でしょう。

「不快」？
どういう意味です？

二度とそんな目にあいたくない、と思うことよ。

え？
わからないな。

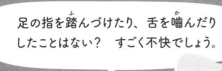

そもそも物事の感じかたを説明することができないなら、感情を説明できないのは機能主義だけの問題ではないのかもしれない。

きみは本当に
自分をコントロールできている?

だれもが毎日何かを選んでいる。きみはこの本を読むことを選んだ(ありがとう)。
〔選ぶ〕という考えかたは、私たちが人生を考えるときに大きな役割を果たしている。
哲学者はこれを自由意志があるというふうに言う。私たちはよく人の行動を
非難したり賞賛したりするけれど、それはその人がその行動を選んだ、と考えるからだ。

> あなたは
> 壁（かべ）に落書きをすることを
> 選んだのです!

> ええと、私は……
> 夢遊病だったような?

> 自分の行動をコントロール
> できなかった気がします。

被告人（ひこくにん）

私たちは思い通りに行動できると思っているが、本当にそうなのだろうか?
私たちはまったく自由ではない、と言う哲学者もいる。
あたりを見回してみると、現在や未来は過去の出来事によって引き起こされているようだ、
と思うかもしれない。私たちは過去の出来事を持ち出すことで、
さまざまな物事を説明している。

> 携帯電話（けいたい）は
> どうして壊（こわ）れたの?

> 事故が起きて……。

ガシャン!

これが**決定論**という考えかただ。現在と未来の出来事が、それ以前に起こったことによって決まるのなら、
きみの行動や、きみがだれであるかさえも、過去が決めていることになる。

私たちは過去を変えられない。
そして、過去が未来を決めるとしたら……

……私たちは未来のことも自由に決められない、ということになる。

人生には、昔にあった出来事が原因だから、
自分にはどうしようもない、と思えることがたくさんある。

自分の見た目は
両親に左右されるし、
両親の見た目は
そのまた両親に
左右される。

話す言葉は
どこで育ったかによって
変わる。

きみの考えや信念や性格は、
学校や両親や友人、
周囲の環境から学んだことに
左右される。

こんにちは！

お元気ですか？

やあ、やあ。

さらに一歩考えを進める人たちもいる。きみや世界のすべてを過去が決めているとしたら？　もしそうなら、きみの選択もやはり過去が決めていることになる。これは重要なことだ。もしきみが何も自由に選べないのなら——過去の出来事によってすべてが決定されるのだとしたら——裁判官が人を裁くやりかたにも影響があるかもしれない。

被告は無罪である。過去の一連の出来事のせいで、彼の心は決まった仕方で体を動かすしかなかった。彼は他に選択の余地がなかったのだ！

問題はこうだ。
別の行動を取ることも、行動を選ぶこともできないのであれば、私たちに自由意志はあるのだろうか？

すべては決まっている?

私たちの行動のすべてが過去によって決まるなら、私たちに自由意志はないように思える。
でも、現在と未来が過去によって決まっていないとしたらどうだろう?

物理学は、あらゆるものがどのように運動するかを問う科学だ。世界をよく見てみると、ある瞬間から次の瞬間までに起こることはすべて、あるいは少なくとも部分的には偶然の産物であることがわかる、と主張する物理学者もいる。例えば、コインを一枚放り投げたとしよう。

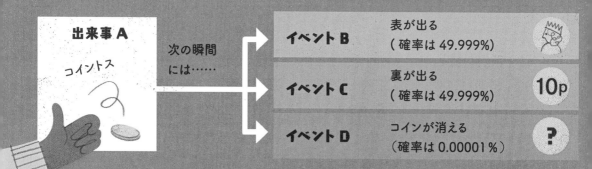

出来事A			
コイントス	次の瞬間には……	イベントB	表が出る（確率は49.999%）
		イベントC	裏が出る（確率は49.999%） 10p
		イベントD	コインが消える（確率は0.00001%） ?

哲学者はこのことを、〔たとえ起こる確率がとても低くても、何かがランダムに起こる可能性は常にある〕と捉える。もしそうであれば、決定論は誤りということになる。なぜなら出来事によっては、前の出来事によって直接引き起こされるわけではなく、ランダムに起こることがあるからだ。

ということは、私たちには自由意志があるんだろうか? まだそうとは言えない。もし決定論が誤りであれば、きみの行動は完全にランダムということになるかもしれない。サイコロを使ってすべてを決めるように、自分の行動をコントロールできていないのかもしれない。

午後は何をしよう?

ダラダラする　食べる　未知の行動

寝る　変な声を出す　哲学書を読む

もしきみの行動がランダムなら、結局コントロールできないのは同じだ。
つまり、自分の行動が決定されていても、完全にランダムでも、自由意志を持つことはできない。

とはいえきみの実感では、自分の行動を自由に選べている可能性が高い。これはどう説明すればいいんだろう？　「自由意志」の本当の意味はなんだろう？　一番単純な説明は、「過去の出来事に縛られたり制限されたりすることなく選べているときは自由だ」ということだろう。

それは合理的に聞こえるね。でも私にとって「縛られているかどうか」は関係ないんだ。自由であるということは、「自分のしたいことができている」ということだと思う。

そう考えるなら、自由意志と決定論のどちらを信じてもいいよね。行動があらかじめ完全に決まっていたとしても、自分のしたいことはできているかもしれないから。

ちょっと待って。私が間違っていたのかも！
私が一晩中テレビゲームをしていて、自由で幸せだと感じているとするよね。でもゲームする以外に選択肢がなかったとしたら、好きなことをしていても、自由とは言えないのかも。

今きみは、自分がしたいことをして「自由だと感じること」ではなく、「行動のリストから選べるということ」について話しているよね。自由って、自分の内側で感じることなのかな、それとも外側で起こっていることなのかな？

自由が感じることであるなら、自分は自由であると決めることはだれにでもできるような気がする！　自分が自由だと感じさえすれば、行動が決まっていようがいまいが、関係ないから。

もし自由が行動を選べることだとしたら、私たちはだれも本当の意味で自由ではないことになるよね——それはすべてが決定していても、ランダムでも変わらない。となると、どうして自分が選べているように感じるのかの説明はつかない……。

哲学者に何と言われようと、私は自分が自由だと思って行動してるよ！　それでいいじゃない。

アートとはなんだろう？

いい芸術って？

詩や歌は
バラのように
美しいものだろうか？

第3章

美と芸術

美や芸術にまつわる疑問を考える
哲学の分野を**美学（エステティクス）**という。
この言葉の由来は、古代ギリシャ語で
「視覚、聴覚、触覚、味覚、嗅覚といった感覚から得た知識」を
意味する**アイステーシス**だ。

美とは何か?

美しさは、どんなものにもありうる。
人間、音楽、詩、芸術、山の景色、科学、花、夕日……
でも、こんなにたくさんの異なるものを指す言葉の意味を
はっきりさせることはできるだろうか?

美しさとは……

多義性

美しさの意味は、それを何に当てはめるかによって変わる、という哲学者もいる。
例えば歌には、その場で、すぐに感じられるような美しさがあるかもしれない。
でも詩には、理解して味わうのにもっと時間を必要とするような、
別の種類の美しさがあるかもしれない。

美しさは心の中だけにある?

美しさは見る人の心の中だけにある、
いわゆる主観的な価値なんだ、と主張する哲学者もいる。
別の人は、美しさは客観的なものであり、物事そのものの性質に左右される、と主張する。
でも、美しさが客観的なものなら、その定義は何だろう?

あの女性は美しいね。

どういう意味?

彼女の美しさは客観的で、
だれにでもわかるでしょ。大きな目、
優美な首、艶やかな髪。

あなたは彼女の客観的な特徴から
美しさを定義しているわけね。
じゃあ夕焼けはどう、あれは美しい?

ええ、もちろん。

でも、大きな目も、
艶やかな髪もないよ。

いや、違うよさがあるのよ。
ドラマチックで、色も鮮やかで……。

じゃあ、すべての美しいものに
共通する特徴はあるのかな?

いや、それはありえないよ!
少なくとも、私は思いつかない。

もし美しさが客観的なものだったら

古代の哲学者たちは、比率や対称性といった性質をつきとめて、
それが多くの美しいものの定義になるのではないかと考えた。
例えば、美しい体型の比率の法則を見つけることができれば、
それが美の公式になると考えたんだ。

> この彫像は、
> 顔が左右対称で
> 美しいね。

> それに体の均整も
> 取れている。

> この比率を真似すれば、
> 同じように美しい彫刻を
> 作ることができるんじゃないか?

古代ギリシャの建築家たちも、
数学を使って、決まった比率でできた美しい建物を建てた。

〔黄金比〕という、横幅と高さの比がおよそ 1.62 になる比率を使ったんだ。

$$\frac{a}{b} = \frac{a+b}{a} = 1.62\ldots$$

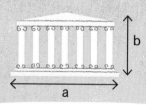

> この建物が美しいのは、秩序と、
> 対称性と、比率があるからだ!
> 横幅と高さの比率は、
> 黄金比に従っている。

> じゃあ、黄金比に従った
> 比率の建物はどれも同じように
> 美しくなるのね。

でも、別の形や比率を持つ建物の美しさは、黄金比では説明できない。
今のところ、すべての美しい建物、ましてやすべての美しいものに
当てはまるような法則を見つけた人はいないんだ。

もし美しさが主観的なものだったら

次に、美しさは主観的なものであり、私たちの印象に左右されるものだ、と仮定してみよう。
結局のところ、何が美しくて何が美しくないかについての意見には、
人によって大きなばらつきがある。

あの犬は美しいね！

そう？　醜（みにく）いと思うけど。

別にいいよ。
美しさや好みは人それぞれだから。

この主張が問題なのは、
もし美しさが純粋（じゅんすい）に見る人の感覚で決まり、
それが人によって異なるのなら、ふたりが「美しさ」を同じ意味で
捉（とら）えているかどうかはわからない、ということだ。

美しい
眺（なが）めですね！

ほんとだ！

でも、何が美しくて何が美しくないかについては、確かに多くの意見が一致（いっち）している。
例えば、夕日のドラマチックな美しさを疑う人はほとんどいないだろう。
美しさには、確かになんらかの普遍的（ふへん）で認識（にんしき）可能な意味があるようなんだ。
私たちは振り出しに戻（もど）ってしまったみたいだ。

だれが美しさを決めるの?

ドイツの哲学者イマヌエル・カントは、美しさを主観的なものだと考えていたけれど、
人々が美という言葉を有意義に使っていることにも気づいていた。
美しいものすべてに共通する性質を見つけることはできないけれど、
ひとりの人間が美しいものを見抜くのに必要な性質を挙げることはできる、
とカントは主張した。

美しい芸術作品だ!

どうしてわかるの?　なんでぼくがあなたの
意見を聞かなきゃいけないの?

私は美術を学び、
たくさんのアートギャラリーを
訪れてきたので、美を判断する経験も
センスもあるんだよ……。

経験を積んだ批評家の意見は一致しやすく、
判断にも信頼が置ける、とカントは主張した。
彼らはすぐれた文学や芸術や音楽や演劇を教えてくれるし、
コンクールの勝者も選んでくれる。
好みにはばらつきがあっても、
人々は彼らの意見を信用する傾向にある。

それぞれの意見が
主観的でも、審査員の
総合得点は
客観的な価値になるんだ。

8.8　　9.3　　8.5

美しさって、本当にあるもの?

古代ギリシャの哲学者プラトンは「美」を「善」と結びつけて、
ふたつは私たちの世界の外の、想像上の理想世界にある、と言った。
美しさとはだれもが目指すべき究極の客観的な価値で、だれの意見にも左右されない、
とプラトンは考えたんだ。

> 実際、この世界で真の美しさを
> 見ることはできないだろう。

> このユリはどうですか?
> これには美しさを感じますよ。

> それは最高のユリの単なるコピーなのだ。

> そのユリを見てみたいな!

> 悲しいかな、それはあなたの目の前にはあらわれないだろう。
> 世界で最も美しいユリは、想像上の完璧（かんぺき）なユリの影（かげ）の
> ようなものなのだ。

でも、「美しさ」を「美しいもの」から切り離（はな）すのはちょっと変だ。
私たちはこの世界で美しさを確かに感じ、その感覚をしょっちゅう他人と分かち合っているんだから。

喜びと感覚

古代の哲学者たちは、五感が感じた喜びや感情的な反応によって
美しさを定義した。

> このネックレスは
> 美しいわ、見るたびに
> うれしくなるから。

> おいしい! このアイスクリーム
> はぼくにたくさんの喜びを
> 与（あた）えてくれるよ。

> この数学のパズルを解くと、
> ゆっくりと考えるっていう
> 喜びがわいてくるの。

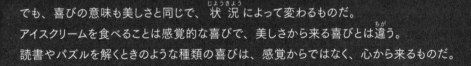

でも、喜びの意味も美しさと同じで、状況（じょうきょう）によって変わるものだ。
アイスクリームを食べることは感覚的な喜びで、美しさから来る喜びとは違（ちが）う。
読書やパズルを解くときのような種類の喜びは、感覚からではなく、心から来るものだ。

芸術って何?

かつての多くの芸術は、美しさや美しいものを作り出すことと結びついていた。
現在では、それを美しいと感じるかどうかは別にして、
人々の多くは「アート」に一般的な理解があり、会話の中でも楽しそうに芸術の話をする。

ふたりが左で話している芸術は、
絵画をはじめとする、
学校の美術の授業でやるような
ことを指している。
でも、「芸術」には他にも
さまざまな意味がある……。

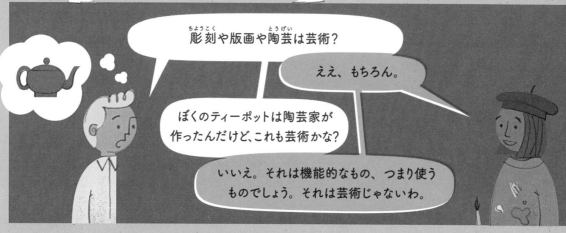

壁に飾られた絵のように芸術を目的としたものと、
ティーポットや椅子のように使うことを目的に作られたものを区別する人もいる。
では、実用的な家庭用品をアートギャラリーに置いたらどうなるだろう?
それは芸術になるだろうか?

ティーポット
C. グレー, 2020年

こうした「アートギャラリーのテスト」は芸術を定義する一つの方法だけれど、それですべてを説明できるわけじゃない。たくさんの芸術が、ギャラリーの外の木々や丘の斜面、あるいは注がれたコーヒーの表面の渦の模様にもあらわれる。どんなふうに芸術を定義しても、その定義から外れた例をいつでも挙げることができるんだ。

芸術と意味

100年以上前、すぐれた芸術の多くは、
美しい芸術や、自然界のものによく似たものを扱っている、
と考えられていた。
それが芸術に与えられた意味だったんだ。

> いい絵だ！
> 木が本物そっくりに見える。

でも、芸術家たちが
抽象的なアイデアを試したり、
物には見えない絵を描いたりするようになると、
芸術の意味や主題ははっきりしなくなった。
例えば、いろいろな解釈ができるような
芸術作品があらわれた。

> 悪夢だ。

> 新聞を読んでいる人が
> 見えるぞ。

> いや、巨大なカエルだ。

具象的ではない芸術が
受け入れられるようになると、
芸術に意味は必要なのか、
という疑問が出始めた。

> でも、これは
> 芸術じゃない。
> ただのパターンだ。
> 何の意味もないよ。

> この形の配置は
> とても……
> 心地いいね。

> 無意味だとだめなの？

こうした変化はあったけれど、芸術はまだ、芸術家が創造したり、
手作りしたりした物体だと考えられていた。でも、この考えもすぐにひっくり返されるんだ……。

限界に挑戦する

1917 年、フランス系アメリカ人の芸術家マルセル・デュシャンは、ニューヨークの美術展に逆さになった小便器を出品して美術界に衝撃を与えた。
この小便器には「噴水」というタイトルが付けられ、「R. Mutt 1917」とサインされていた。
ギャラリーは「噴水」を真の芸術作品ではないと判断し、不採用にした。理由の一つは、作家がそれを作っていないから、というものだった。デュシャンがそれに芸術的な意味を持たせたのだから、それはれっきとした芸術作品だ、と主張する人もいた。

> デュシャンの小便器が芸術作品ではないと思う人は手を挙げて。

> もし私が美術展に流し台を置いたら、それは芸術になるかな？

> うん、理由があってそれを選んだならね。ありふれた物に名前を付けて、それの新しい見かたを伝えられたら、きみもデュシャンみたいになれるよ。

芸術家たちは、人々を喜ばせるためではなく、人々に考えさせるための作品を作り始めたんだ。
すると、何が芸術なのかについての大議論が巻き起こった。
こういう議論は、芸術の定義を広げるような新しい作品が展示されるたびに繰り返されている。
青く塗られたキャンバスや、店で買える石鹸のパックのように印刷された箱を想像してみよう。
それは芸術だと言えるだろうか？

最近では、
死や腐敗や恐怖をテーマにして、
観客に衝撃を与えるような作品を
作る芸術家もいる。
宣伝が作品に含まれることもある。

ニュースの血
M. レイシー
2020

クジラの
血

画家がギャラリーにバケツ一杯の動物の血を展示したとしよう。
それは芸術だろうか？　現代の人々は、芸術は何でもありだ、と言う——芸術家が芸術と
呼んだものなら何でも芸術なんだ、と。それはもはや「物」でなくてもいい。
パフォーマンス・アートと呼ばれる、ほんのしばらくのあいだしか続かないショーを行う
芸術家もいる。

ああああああああ
ががががああ！

いったい
なんだ？

わかんない。
パフォーマンス・アートだって。

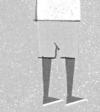

新しい芸術の意味を理解しようとするときに忘れがちだけれど、
今では愛されているたくさんの芸術家も、
はじめて作品を発表したときにはひどく批判されていたんだ。
このことからわかるのは、今の芸術が何であれ、
その定義はきみがこの章を読むあいだにも
変わっていく、ということだ。

もし神が善なら、
どうしてこの世に
悪があるの？

神の存在は
証明できる？

世界が存在する理由や、
世界がこのような姿を
している理由を説明するのに、
神は必要なの？

第 4 章

神

多くの宗教の根っこには、〔神（あるいは神々）は存在する〕
という考えがある。神についての哲学的議論はたいてい、
ふたつの基本的で、とても大きな問いにしぼられている。
神の存在を証明できるか?
そして逆に、神が存在しないことを証明できるか?
どちらの質問にたいする答えも、
その人が持つ神のイメージや概念（がいねん）にあるていど左右される。

多くの哲学者は、神をたった一つの、すぐれた存在として考える。
もちろん、神のことをそんな存在だと考えないといけないわけではないし、
きみは神をぜんぜん信じていないかもしれない。
それでも主張を吟味（ぎんみ）して、哲学する力を鍛（きた）えることは、
有意義で楽しいことだよ。

神という概念

神学者（神について考える哲学者）は、神を**完全な存在**と定義することがよくある。
でも、これはどういう意味なんだろう？
完全な存在という概念は、そもそも意味をなすのだろうか？

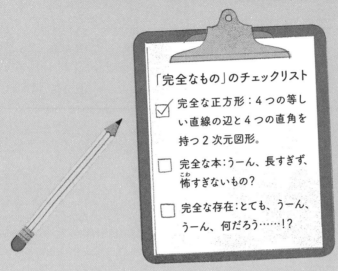

「完全なもの」のチェックリスト

☑ 完全な正方形：4つの等しい直線の辺と4つの直角を持つ2次元図形。

☐ 完全な本：うーん、長すぎず、怖すぎないもの？

☐ 完全な存在：とても、うーん、うーん、何だろう……!?

たいていの有神論者（神を信じる人）の考えによれば、
完全な存在が持っているべきいくつかの性質がある。
神は、例えば……

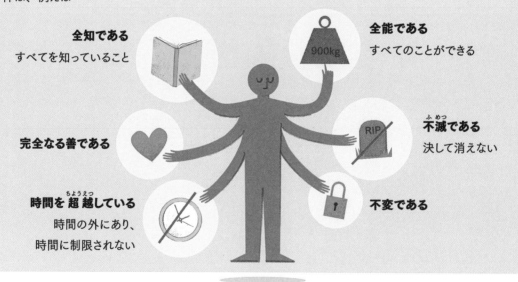

全知である
すべてを知っていること

全能である
すべてのことができる

完全なる善である

不滅である
決して消えない

時間を超越している
時間の外にあり、
時間に制限されない

不変である

このような特徴があるからといって、本当に神は完全な存在なのか、疑問に思うかもしれない。わからないことはそれだけじゃない。これらの特徴の意味は何だろう？ それぞれは互いに両立するのか？ それらはそもそも意味をなすのか？ まずは全能についてよく見てみよう。

全能

ボブという存在がいるとしよう。ボブは神ではないけれど、全能ではある。
ボブは物事を創り出し、変化させ、動かすことができる。ボブは何でもできるんだ！

ボブ

やることリスト

1. 山を平らにする
2. 火星に飛ぶ
3. 病気を根絶する
4. 地球温暖化を止める

ボブは何でもできるらしい。でも……彼は〔自分で持ち上げられない
くらい重い石〕を作ることはできるだろうか？

もし本人が持ち上げられない石をボ
ブが作れるなら、ボブにはできな
いことがある——つまり、その
石を持ち上げられないんだ。

そして石を作れない
なら、それがそのま
ま、彼にはできないこ
とになる。

どっちにしても、彼は本当には全能ではいられない。
これが全能のパラドックスだ。

パラドックスとは、正しい前提から論理的に
導き出されたはずなのに、間違っているように
見える言葉のことだよ (→ p.10-11)。

パラドックスを回避する

この時点で、全知全能の存在も、
何もかもできるわけではないんだ、と思うかもしれない。
ボブの友人のボディレス（体のない）・ボブのことを考えてみよう。
ボディレス・ボブもほとんど何でもできるけれど、
彼には体がないので、鼻をかんだり、
コップ一杯の水を飲んだりといった、体を使ってするようなことができない。
……だとすると、彼は全能ではないのだろうか？

ボディレス・ボブ
（彼が見えないことを想像してみて。）

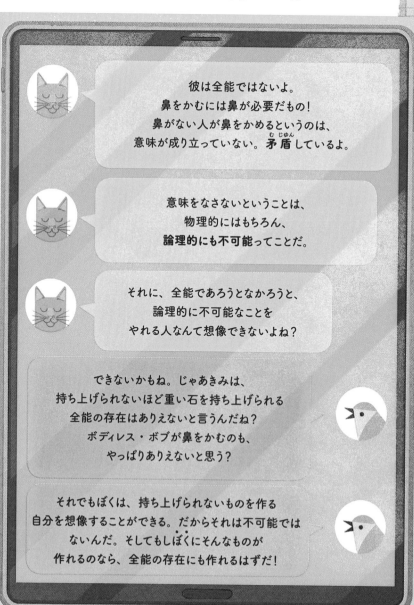

彼は全能ではないよ。
鼻をかむには鼻が必要だもの！
鼻がない人が鼻をかめるというのは、
意味が成り立っていない。矛盾しているよ。

意味をなさないということは、
物理的にはもちろん、
論理的にも不可能ってことだ。

それに、全能であろうとなかろうと、
論理的に不可能なことを
やれる人なんて想像できないよね？

できないかもね。じゃあきみは、
持ち上げられないほど重い石を持ち上げられる
全能の存在はありえないと言うんだね？
ボディレス・ボブが鼻をかむのも、
やっぱりありえないと思う？

それでもぼくは、持ち上げられないものを作る
自分を想像することができる。だからそれは不可能では
ないんだ。そしてもしぼくにそんなものが
作れるのなら、全能の存在にも作れるはずだ！

でも、きみが自分で
持ち上げられないものを作れるとしても、
ボブにそれができるとはかぎらないよ！

そうかもね。そしてボブが自分で
持ち上げられない石を作れないなら、
ボブにはできないことが
あるってことだ。
また振り出しに戻っちゃう！

絶対不可能ボブを紹介しよう。

絶対不可能ボブ

やることリスト

1. ボブのリストのすべて
2. 四角い円を作る
3. 2＋2を5にする
4. 自分では
   持ち上げられない石を
   作る（問題なし！）

彼は絶対に何でもできる——不可能なことだって。

〔神はありえないこともできる〕
というのは、ぼくの信念に
合うかどうかわからないな。

神が全能であることを受け入れたとしよう。でも、別の問題があらわれる——全能であることと、神の他の性質は、どのように成り立つのだろう？

最も有名な例の一つが、**悪の問題**だ。ページをめくって詳しく見てみよう。

悪の問題

神は完全な善であり、親切であるとよく言われる。
だとすると、神は決して悪いことをしないし、悪いことも起こさせない、ということになる。
でも、人はいつも悪いことをしている。もし神が存在し、神が善であるなら、
どうして神はそのようなことを許しているのだろう？　これが**悪の問題**だ。

じゃあ、実際に
この問題は
どのくらい重要なの？

うん、
この問題はこういうふうに整理できるよ。
1. 神と悪は論理的に相いれない
　　──ふたつ同時には成り立たない。
2. 私たちは悪が存在するのを知っている。
3. 神は存在することができない。

とはいえ、悪の問題が出てくるのは、
神が全知全能（すべてを知っており、すべてのことができる存在）であり、
完全な善であると信じるときだけだ。

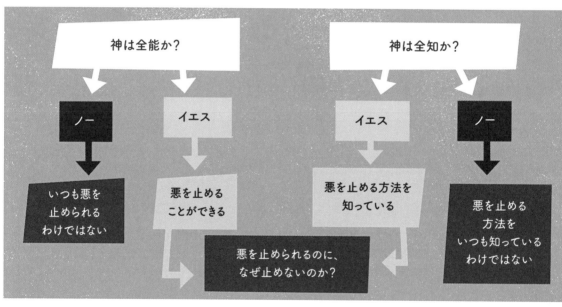

神は全能か？

ノー

イエス

神は全知か？

イエス

ノー

いつも悪を
止められる
わけではない

悪を止める
ことができる

悪を止める方法を
知っている

悪を止める
方法を
いつも知っている
わけではない

悪を止められるのに、
なぜ止めないのか？

もし〔善良であること〕と〔悪いことが起こるのを止めないこと〕が、
同時に成り立つとしたらどうだろう？

パパに
早く寝なさいって言われると、
いやな気持ちになるわ。
でもいいことでもあるのよ、
次の日の学校で疲れずにすむから。

確かに、悪いことの中には
〔じつはいいこと〕もある。
でも、それですべて解決するかな？
悪の問題をこの考えかたで
解決するためには、すべての悪いことが
どんなふうにいいことにつながるかを
説明できなければいけないよ。

悪いことが起こるのは、その悪のおかげでより大きな善がもたらされることを神が知っているからだ、と言う信仰者もいる。それに気づけないのは、私たちが十分に賢くないだけなんだ、と。この説明に納得できないなら、悪の事例のすべてを正当化しなくてもすむようなもう一つの主張を紹介しよう……。

選択の自由

多くの宗教において、**自由意志**——自分の人生ですることを選ぶ能力——という考えかたはとても重要だ。哲学者の中には、自由意志はそれ自体が偉大な善であり、神がそれを人々に持っていてほしいと思うほど重要なものなのだ、と主張する人もいる。でも、人間に自由意志があるかぎり、悪いことも選べるということになる。

じゃあ、ぼくたちに自由意志があるかぎり、悪いものが存在する可能性はあるんだね。だから悪は存在する——何かの間違いじゃなくて。

その通り！

でも、悪いことのすべてが人間の悪さによって引き起こされるわけではないよね。津波や火事による苦しみのような「自然の悪」についてはどうなの？善良な神が、どうしてそのようなことを許すの？

うーん……苦しみが私たちをよりいい人間にはしませんか？悪いことがなければ、やさしさや思いやりや許す気持ちはいらなくなるのでは？

でも、もし世界に苦しみがないのであれば、そんなやさしい気持ちもなくていいんじゃないの？

なぜ神を信じるの？

何世紀にもわたって、多くの哲学者たちが、神を信じるための、
理性に基づいた正しい理論を示そうとしてきた。そのうちのいくつかを見てみよう。

世界の成り立ちという視点からの主張

世界は美しく、たくさんの生き物がそれぞれの環境にとてもうまく適合している。これがすべて偶然に生まれたとは信じられない。きっと、だれかがこうなるように意図した、というのがまともな説明だろう——そしてそんなことができるのは、神のような力を持つ者だけだ。

ちょっと待って。
これを説明するのに神は必要ないよ！
進化論は、生物がどんなふうに環境に
適合するようになったかを説明している。
それも自然の一部なんだ。

うん、でも、自然そのものや、
宇宙がなぜこのような姿をしているのかは、
どうやって説明すればいいんだろう？
きっと、ささいなきっかけでもっと違ったことも
あったはずだ。

このような考えかたから生まれたのが……

微調整論

1.
自然の法則が
少しでも違っていたら、
今の私たちの世界は
存在しなかっただろう。

2.
物事が今みたいである確率は
とても低い。言い換えれば、
この世界が存在すること自体が
驚きなのだ。

3.
存在する確率がこれほど低いものが、
偶然に存在するように
なったとは思えない。

4.
何かが意図的にそれを
存在させた可能性のほうが高いと思える
——そしてそれをやったのは神だろう。

じゃあ、ここで微調整論を
より深く知るための思考実験をしてみよう。

トムが宝くじに当選したとしよう。
彼が大当たりする確率は
139,838,160 分の 1 だ。

宝くじ
当選者

みんな彼(かれ)を
とても幸運な男だと思う。

翌週、トムはまた宝くじを当てた。

トムは本当に運がいいんだ、
と思う人もいれば、
だれかが
ずるをしたのではないか、
と疑いだす人もいる。

そして 3 週目、
また同じことが起こる。

こんな幸運な人が
いるはずない!

だれかが不正を
したに決まっている!

宝くじ
当選者

可能性がとても低いことが起こると、私たちはそれがすべて偶然によるものだとは信じにくくなり、
別の説明や理由を探したくなる。

でも、私たちが別の理由を探しがちだからといって、
そんな理由が本当にあるとはかぎらないよ。
この話は、人の考えかたのくせを物語っているだけで、宇宙の起
源について語っているわけではないと思う。

それに、微調整論が
世界を設計した人がいるのを証明できたとしても、
その設計者が私たちが考えているような
神であるということにはならないよ。

もちろん、これで問題が解決するわけじゃない。
でも、世界のありようが神の存在を証明する、という主張に納得(なっとく)できなくても、
主張はこれだけじゃない。これからそのうちのいくつかを見てみよう。

存在論的証明

およそ1000年前、カンタベリーのアンセルムスという哲学者であり修道士が、**存在論的議論**として知られるものを提唱した。アンセルムスによれば、神という概念そのものに、神の存在を認めざるをえない要素があるんだ。もし、この主張が理解できなくても心配しなくて大丈夫。とても難しい主張だから。

アンセルムスの証明

1. 神は想像しうる中で最も偉大なものである。

2. 物事は想像の中だけに存在することもあれば、想像の中と現実に存在することもある。

3. 現実にも存在するものは、想像の中だけに存在するものよりも偉大である。

4. 神が想像の中だけに存在するとする。

5. となると、この神は最も偉大なものではいられない。

6. つまり神は、人々の想像の中だけでなく、現実にも存在しなければならないはずだ。神は確かに存在する!

難解であるだけでなく、この議論にはほぼ完全な間違いがある。
では、具体的に何が間違っているんだろう?
いくつか指摘してみよう。

> なぜ神を最も偉大な存在と定義しなければいけないの?

> なぜ現実に存在することが、想像の中だけに存在することよりも素晴らしいんだろう?これは納得できる?

> 「神」という言葉をアイスクリームに置き換えたら、最高のアイスクリームの存在を証明することにならない?

> この議論は、神の存在を定義しているだけじゃないの?

神が存在することについての他の主張をいくつか見てみよう。

宗教的体験

宗教的な体験、
つまり神によって引き起こされたと思われる
体験をしたと信じる人はたくさんいる。
その体験が、神の存在を証明する証拠と
みなされることもある。

宇宙論的議論

すべてのものには原因がある。
でも、原因が無限に
連鎖することはありえない。
原因はどこかで、原因を必要としない
何かで止まらなければならない。
その唯一の候補が神だ。

もう一つの主張は、17世紀フランスの思想家ブレーズ・パスカルによるものだ。
パスカルは、神の存在を証明することはできないとした上で、
神を信じることが最も合理的なんだと人々を説得しようとした。

パスカルも当時の多くの人々と同じように、もし神がいるのなら、それを信じない人間は死んだ後に罰を受けると信じていた。そしてもし神の存在を信じていれば（そして善人であれば）報われるのだ、と。彼はこのことを念頭に置いて、信じる場合と信じない場合のすべての可能性を見るように勧めた。

パスカルの賭け	神は存在する	神は存在しない
神を信じる	死ぬとき：永遠の喜び	死ぬとき：何もない
神を信じない	死ぬとき：永遠の苦しみ	死ぬとき：何もない

パスカルは、永遠の苦しみを負う危険はとても冒せない、と思った。彼の考えにならえば、理性的な人間なら、神が存在することが真実であるほうに賭け、たとえ信じられないとしても、それを信じるために全力を尽くすだろう。

どうすれば
すべての人を平等に
扱えるの？

「私有財産」
という考えかたって、
公平なの？

なぜ
政府の言うことを
聞かなければ
ならないの？

第5章

政治

政治は、人間の集団がどのように決断し、
協力し合うかということにまつわるものだ。
国を運営する政府であれ、社会で共に暮らす人々であれ、
イベントを企画する友人たちであれ、
すべてに政治が関わっている。

政治哲学者は、どうすれば人々が
平和で公正でいられるか、ということに関心を持っている。
社会をどんなふうに形づくればいいのかを考え、
さまざまな可能性を探っているんだ。
彼らは考えかたを探究するだけではなく、
政府による国の運営にも影響を与えることができる。

何かをひとりじめしていいの?

本であれ自転車であれ家であれ、人が自分の持ちものについて語るとき、
普通は**私有財産**のことを話している。特定の個人やグループが使うもの、ということだ。
所有者の許可なしに他の人が使えないから、「私有」と言うんだ。

だれが何を所有しているかについての意見は、よく対立する。
私有財産がたくさんの意見の対立を引き起こすので、哲学者たちは、
私有財産が本当にみんなの社会をよくしているのか、疑問に思っているんだ。

私有財産をよしとする主張を一つ、紹介しよう。
漁師が同じ場所で釣りをしているところを想像してほしい。

最初は全員が魚をたくさん釣って、みんな大漁になるのだけれど、
すぐに魚はいなくなってしまう。これは単なる思考実験ではない。
現実に世界中の海で起こっていることなんだ。

私有財産に賛成する人たちは、魚がいなくなったのはその場所が私有地ではなかったせいだ、と言う。
もし漁師たち（または漁師のグループ）が自分たちの私有地を持っていたら、
責任を持って漁をして、ずっと魚がいなくならないようにしたはずだ、と。
この主張は正しいだろうか？

第1の反論

彼らは、そこを共有していたからだめになった、と主張する。
でも実際には、共有財産が責任を持って使われてきた
歴史もあるんだ。
スイスのとある山村では、500年以上にわたっ
て草原を共有して、
台無しにすることはなかった。

第2の反論

私有財産はすべての人にとっていいわけではない、という反論もあるかもしれない。
これをもっとよく考えてみよう。

> 多くの国がたくさんの食料を無駄にしてい
> るけど、飢えに苦しむ人たちもいるのよ。

> 食料を個人が所有せずに分かち合えば、
> 人々は飢えなくてもいいはず。

> 食べ物が私的なものだったら、持ち主が
> 分けようと思わないとそれは分けられないよね。
> でも、ほとんどの持ち主は分けたがらない。

この主張は、私有財産が常に悪いと言っているわけではない。
——ただ、それが必要ないかもしれない、ということだ。
実際に、食料や住居といった一部の財産を共有する社会を作ろうとしている政府もある。
でも、どうやってものを公平に分かち合えばいいのか、という問題も出てくる。

平等って何?

すべての人は平等に扱われるべきだ、ということに反対する人はほとんどいない。
でも、平等であることが実際にどういうことなのかは、それほどはっきりしていない。
不平等な場面を見るといやな気持ちになる人は多いけれど、
平等な社会がどのようなものかは、よくわかっていないんだ。

厳格な平等

平等にはさまざまな考えかたがある。
一番はっきりした考えかたは、すべての人をまったく同じように扱い、
すべての人に同じものを与えることだ。

**すべての
人に
眼鏡を**

> ぼくは眼鏡がいるけど、娘には必要ないんだ。
> もったいないと思わない?

> そうよね!
> みんな同じ眼鏡を渡されたんだけど、
> 私がかけるとよけいに
> 見えなくなるの!

でも、人はそれぞれ違うし、ほしいものも違うから、画一的なアプローチには意味がない。
〔平等〕は〔同一〕という意味ではないんだ——私たちは、人々をまったく同じように扱わなくても、
平等に接することができる。
例えば、だれもが同じように映画を楽しめるようにしたいと思えば……。

> …視力の
> 弱い人には
> 眼鏡を渡し…

> …聴覚障害がある人には
> 補聴器を渡す。

> でも、すべての人に
> 変化をおよぼす
> 必要はないの。

映画を見るだけならこれでいいだろう——全員が映画を楽しめたらいい、
とだれもが思っている。でも、これが社会全体だったらどうだろう?
私たちは平等であってほしいと思ってはいるけれど、それはどのような平等なのだろう?

すべての人のニーズに応える

では、すべての人に同じものを与えるのではなく、〔すべての人のニーズを満たす〕というのはどうだろう？
すべての人のニーズを、平等に満足させなくてはいけないもの、
と捉えるんだ。この考えかたでは、もし次のリストにあるものを
利用できていない人がいたら、それを彼らに提供しなくてはならない。

シェルター

医療

水

服

食べ物を得るのに苦労している人がいれば、
その人が食べ物を受け取れるようにすべきだ。
住む家がない人には、家が与えられるべきだ。

食品

必要なものをすでに
持っている人は、
何も受け取らなくていい。

教育

トイレ

友人や家族はどう？
これらは必要なものではないよね。
なくても生きていけるから。

友人

そうかな？
友人や家族は必要なものだと思うけどな。
どうやってみんなにそれを持たせるのかは
わからないけど。

仕事

インターネット

家族

でも、ニーズっていうのは、
生存に必要なものだけじゃないの？
どんなものでもリストに足せばいい
わけじゃないよね。

生きていくのに苦労している人がいないかぎり、ある程度の不平等——ある人が他の人よ
りもたくさんのお金を持っているとか——は仕方ない、と考える人は多い。
でも、基本的なニーズを満たすだけでは不十分で、他の重要なものも平等であるべきだ、
と考える人もいる。ページをめくって、平等についての他の考えかたも見てみよう。

幸福の平等

一番いいのは、すべての人を等しく幸せにすることだ、と考える哲学者もいる。
これは普通、人々の基本的なニーズを満たした上に、さらに何かを追加することを意味する。
もちろん、それぞれの人を幸福にする要素はそれぞれ異なるので、与えられる支援の量も
変わるだろう。でもその目的は、だれもが同じ程度に満足することだ。

いいアイデアだと思う？　じゃあ、こんな状況を考えてみよう……。

高価なヨットが
あったら幸せだな。

そう、でもそんな余裕は
ないわよ……幸せになるのに
ほんとにヨットがいるの？

ぼくは幸せになる資格がないって
いうのかい？　ぼくの願いは叶うに
値しないの？

ヨットはさすがに
無理な要求だと思うわ。

これは実行に移すのも難しい。人々が同じくらい
幸せかどうかをどうやって見分ければいいだろう？
心を読むことはだれにもできない……。

幸せを左右するのは
その人の置かれた状況だけではない、と
考える人もいる。

あと一時間はこの子を
撫でていたいな。

退屈してるのが
ばれませんように。

ヨットは手に入れたけど、
今度は操縦しなきゃ。あーあ。
それにケリーはもっと大きくて高価な
ヨットを持っている。うらやましいなあ。

すべての人を幸せに
することはそもそも不
・
可能なのかもしれない
ね。とりあえず、別の
可能性も探って
みよう。

機会の平等

全員が同じ機会を得られるようにしたらどうだろう？　生まれた場所のような、
自分にはどうしようもないことが原因で、機会を得られない人もいる。
だとすれば、全員が公平にチャンスを得られるように、機会を妨げるものを取り除けばいい。
ここでは、だれもが教育を受けられるようにするための方法をいくつか紹介しよう。

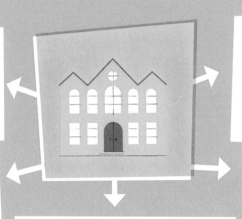

アクセシビリティ
学校は、障害のある生徒が
利用しやすいもので
あるべきだ。

よい立地
学校はだれもが
通学しやすい場所に
あるべきだ。

無料給食
空腹のせいで
学習機会を
失うべきではない。

特別支援
学校は、特別なニーズを持つ子を
支援するために、訓練を受けた
教師を提供すべきだ。

学費無料
貧富の差に関係なく
学ぶことが
できなければ
いけない。

一度このような条件が整った上で、なお物事が不平等になってしまうのであれば
——例えば成績がよくなる人がいるのであれば——単に人それぞれの能力と運に左右されたと
いうことに違いない。でも、本当にそうだろうか？　こんな状況を考えてみよう。
ケイの両親はバイリンガルだったので、ケイは英語と中国語の両方を話せるようになった。

ケイは多くの人々より有利だけれど、
親が子どもに母国語で話しかけるのを
政府が止めるべきだ、
とは言えないだろう？

一つの言語しか話せない人が
持てない機会を、
私は得られるんだ。

物事を公平に分配する方法を考えるのは簡単じゃない。
でも、ほとんどの人が同意することがひとつある——たとえ平等がどのようなものか
正確にはわからなくても、私たちにできることがあるのに、一部の人々が苦しみ、生きていくのに
苦労するのを無視はできない、ということだ。

決まりがある理由

ほとんどの社会では、だれもやってはいけないことがある。
そして、もし本人たちのためになるのであれば、自由は制限しても構わない、と
主張する哲学者も多い。それが**パターナリズム**だ。

なかにはとても理にかなっているように思える法律もあるので、
おそらくきみは反対しないだろう。
でも、それとは違ったふうにきみの選択を制限する法律には、別の印象を持つかもしれない。
たいていの人は、生きかたは自分で選びたいと思うものなんだ——
たとえ自分にとってよくないとしてもね。一例を挙げてみよう。

相手の意志に反してよい行いをするのは不可能だ、という哲学者もいる。
でも、パターナリズムが人を助ける場合もある。

道路交通法のような強い規則を作るのを**強いパターナリズム**という。
弱いパターナリズムと呼ばれる別の考えかたによれば、だれかの自由を制限してもいいのは、
その人が自分のしていることに気づいていないときだけだ。

弱いパターナリズムは大人たちに自由を与え、
彼らが自分で何をしているのかわからないときには守ってくれる。
これに反対するとしたら、個人の自由よりも大切なことがある、と考える場合だ。

ほとんどの人は、ある程度のパターナリズムを受け入れる。
でも、規則が人々の自由を制限しすぎると、
社会の支配が強くなりすぎて危険なのでは、と心配する人も
出てくる。だれでもいくつかの規則は守らなくてはならないし、どんな社会でも、人々の自由は
いくらか制限されている。でも、だれがそのルールを決めるんだろう?

だれがルールを決めるの？

ほとんどの国は政府が運営している。

政府の仕事は、新しい法律を作ったり、古い法律を取り払ったりすることだ。

政府はまた、自分たちの言うことを聞かせるために武力を行使することも許されている。

でも、なぜ政府はそんなことをしてもよくて、他のグループはしてはいけないのだろう？

こんな話を考えてみよう。

無作為にできた集団が作った法律に従おうとする人はほとんどいない。

でも、政府はそれをやっているんだ。いったい何が違うんだろう？　その違いは**正統性**だ。

政府は法律を作り、施行することを許・さ・れ・て・いる。でもなぜ？

何が政府を特別な存在にしているんだろう？

どうして私たちは法律を守り、政府の言うことを聞かなければならないんだろう？

74

いいや、法律には従うべきじゃない

無政府主義者と呼ばれる人たちの中には、政府に従う義務はないと考える人もいる。
彼らは、政府が運営する警察と、法律を勝手に制定する
行き当たりばったりの人たちとのあいだに、本当の違いはないと考えている。

> 人々になにをすべきかを指示し、それを実行させる
> ために武力を行使する政府は、合法的じゃない。
> 我々にリーダーは必要ない。社会は、協力し合うだけ
> で成り立つはずだ。

> でも、リーダーもなしに
> どうやってまとまる
> ことができるの?

> ほとんどの友人同士の集団には
> リーダーがいないだろう。それこそが、
> 現実にある無政府状態だ! それを
> もっと大きな規模でやればいいだけだ。

> 友達同士ならうまくいくかも
> しれないけど、仲の悪い人は
> どうするの?

社会契約（けいやく）

政府が合法であるのは、市民がそれに同意しているからだ、と考える哲学者もいる。
市民は自分たちを守るためにすすんで法律を守り、
警察がそれを執行することに同意している、と彼らは主張する。
これはしばしば**社会契約**として知られている。

社会契約

署名

> ちょっと待って!
> この社会に生まれはしたけど、
> 契約に同意した覚えは
> ないよ。

> 社会のありかたを受け入れて、
> 警察に安全を守ってもらうので
> あれば、同意したと
> みなされるんだよ。

> じゃあ、拒否（きょひ）はできないって
> ことじゃないか! 反対すれば
> 刑務所（けいむしょ）行きだろう。選択（せんたく）の余地
> はないのか……。

> もし荒野（こうや）や無法社会で
> 暮らさなければ
> いけないとしたら、
> 同意するだろう?

> 「もし」なんて関係ない。
> 大事なのは、
> 今私が同意するかどうかだ!

> じゃあ、
> 同意しないの?

どうすれば合意とみなされるのかを定義するのは難しいけれど、この考えかたは、私たちのほとんどがなぜ
法律に従っているかを説明してくれる。ひとりで生きていくよりも、他の人々と一緒（いっしょ）に生きていくほうがいいと
考えるのなら、いくつかのルールに従うことに同意するのは理にかなっている、ということだ。

嘘をついても
いいの?

戦うことは
正当化できる?

だれもが守るべき
道徳的な
ルールはある?

第6章

よく生きるには

私たちはどのように生きるべきだろう？
友人、家族、見知らぬ人、命令する人や奉仕する人に
たいして、どのようにふるまうべきなのだろうか？

人生のあらゆる局面に、**道徳規範**という、
人々が受け入れている行動の仕方がある。
それは私たちがどのようにふるまい、
周囲の人々に接するべきかを決めるものだ。
このような規範を検討して、私たちが正しいことを
するためのヒントをくれる哲学の分野が**倫理学**だ。
倫理学は、権利や義務といった、世界をよりよく、
公平な場所にするための価値観に注目する。

道徳って、役に立つの?

道徳規範とは、私たちが何をすべきか、
どうふるまうべきかを教えてくれるルールのようなものだ。
それは私たちが決断したり、自分の行動に責任を持ったり、
さまざまな難しい問題に対処したりするための手がかりをくれる。

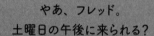
やあ、フレッド。
土曜日の午後に来られる?

うん、行きたいな! あ、だめだ
——おばあちゃんに会いに行く
約束をママとしたんだった。

フレッドはママと約束をしていた。
何かを約束するのは、
道徳的なルールの一つだ。
彼は今、約束を守るか守らないかを
決めなくちゃいけない。

約束を破るのはもちろんのこと、
破っていいかを尋ねることもいけない、
というルールがあると
考える人もいる。
でも、それは状況によるかもしれない。

ママ、土曜日にスタンに誘われた
んだけど、行ってもいいかな?

じゃあ、おばあちゃんに
会いに行くのは
日曜にしましょう。

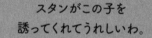
スタンがこの子を
誘ってくれてうれしいわ。

フレッドが約束を破れるかを聞くと、
ママは喜んで予定を変えた。
ルールは何かを決めるのに
役立つけれど、
いつもはっきりとした答えを
くれるわけではないんだ。

「したほうがいい」のはなぜ?

「すべき」や「したほうがいい」は、ルールや道徳についての意見によく登場する言葉だ。
これらの「すべき」や「したほうがいい」の中には、道徳的ではなく、
実用的なものもある。

靴ひもを結び直した
ほうがいいよ。

どうして?

ひもにつまずいて
怪我をするかもしれないから。

でも、なかには道徳的な「したほうがいい」発言もある。それは、正しいとはっきり言うのが
難しいような発言だ。

人を蹴るべきではないよ。

どうして?

人を傷つけるのは間違っているから。

みんながそう言っているのは
知ってるよ、
でも何で間違いなの?

人を傷つけていると、
きみも同じことをされるかもしれないよ。
もしみんながそんなふうに行動したら……。

じゃあ、人を傷つけない理由は、自分
を守るため?

それだけじゃない——
他の人々がどう感じるかも大切だよ。
人々が互いに傷つけ合うことがなければ、
世界は「みんなにとってもっといい場所」に
なるはずだ。

じゃあ、もし私が他人を大切に思っていて、
みんなにとっていい世界に生きたいなら、
他人を傷つけるべきではないんだね。

そうだね。

ここで人を蹴らないことの最終的な理由を支えているのは、世界についての信念や仮説だ。
人々がお互いに危害を加えない世界に住みたい、というのが、
道徳規範を守るための納得できる理由になっている。

道徳は
どこから来るの?

動物に残酷なことをしちゃだめ、って叔母さんは言ってる。

それがだめなのは、叔母さんがそう言うからなの?

ううん。それは本当にだめなことなのよ。

じゃあ、もともとだめなことを、叔母さんがわかってるってだけなの?

だと思うけど……。

ほとんどの人は一生をつうじて、家族や学校や宗教や本やメディアから道徳規範を学んでいく。

でも、だれかがそう言っているから、という理由だけで物事を判断してもいいんだろうか?

その人は道徳の知識の持ち主として信頼できる?

なにが正しくて間違っているのかは、自分で考えるほうがいいのだろうか?

宗教は巨大な思考実験のようなものだ、と主張する哲学者もいる。

道徳をもたらすのは神やなんらかの高次の存在であり、その存在は当然、

だれかの叔母さんよりも信頼できるはずだ、と人々は考える。

私の宗教では、隣人の家をねたむのはいけないことだ、と神様が言っているよ。

神が悪いと言っているから悪いことなの?それとも、神と関係なくもともと間違っているから、神もそんなふうに言うのかな?

もともと間違っているんだと思う。小さな小屋でも、住めるのを感謝すべきだ。

私は神が間違っていると言うから間違っているんだと思うな。

神がそう言っているのだから道徳的なルールは正しい、と考える人は確かにいる。でも、神が言うからというだけで真実だとみなされるような道徳は信用できない、という人もいる。道徳はもとからどこかに存在しているから価値があり、だからこそ自分たちもそれを学んで認識できるんだ、と。

でも、道徳が人間や神とは無関係に存在することはあるのだろうか?

だれかが作り出さなければならないのではないか?

なぜよく生きなければいけないの？

ほとんどの人は（少なくともたまには）正しいことをしようとする傾向がある。無私に行動すること——自分よりも他人を思いやること——は、道徳的にいいことだと考えられている。でも、本当に無私に行動すること

はできるのだろうか？　結局は自分を助けるために行動しているのではないか？　無私に見える行為の多くには自分に都合のいい動機が隠れている、と主張する哲学者もいる。

これから部屋を
片付けるよ。

部屋を片付ければ、
パパが喜んでアイス
クリームを買ってくれる
かもしれない。

お困りですか？

人に親切にすれば、
まわりも私に親切にして
くれるかもしれない。

一緒に遊ぶ？

サンドラと仲よく
なれば、彼女の
パーティーに招待
してもらえるかも。

どんなに立派なことをしても、見返りを期待していたら、それは道徳的にいいことだと言えるだろうか？
他人を助けると、内心はいい気分になれるかもしれない。
でもそれは道徳的にはよくないということではないだろうか？
もしその見返りが〔よかった〕という感覚だけだったら、無私の行為は道徳的によい行いだと
いうことに、ほとんどの人が同意するだろう——そういう無私の行いは、いたるところにある。

迷っている人がいるぞ、
道を教えてあげよう。

あの老人が道路を
渡るのを手伝おう。

このお金はチャリティー
に寄付するよ。

ある行為が正しいか間違っているかを判断するために、
哲学者たちは道徳についての考えかたを発展させてきた。
その中には**功利主義、義務論、徳倫理学**など、とても堅苦しい名前のものもある。
詳しくはこの先に進んでみよう。

みんなが幸せになるには

何が道徳的かわからなくなったとき、どうやって正しい行動を決めればいいだろう？
解決策の一つは、一番多くの人々に
最大の利益や幸福をもたらすものを選ぶ、ということだ。
この考えかたは**功利主義**として知られている。

功利主義は、ある行為の結果、
とくに、その行為によって利益を得る人の数と、
その人々が得る利益の大きさに注目する。

より多くの幸福

多くの人が得られる幸福の総量が、より少数
の人々の悲しみを上回れば、それを行うことは
道徳的に正しい、と功利主義者は言うだろう。

功利主義の利点は?

ある行為が
道徳的に正しいかどうかを判断する
明確な方法を提供してくれる。

異なるグループの人々を差別的に
扱わない――肝心なのは全体の数
だからだ。

自分の行動の結果を
よく考えるようになるので、人々は
より道徳的な責任を負うようになる。

幸福を増やして害を減らすことは、
全体にとって価値があるということに、
ほとんどの人が同意する。

功利主義はよく、政府が大きな決断をするときに
用いられる――例えば、何千人もの人々が恩恵を受けられる
発電用ダムを建設するために、少数の人々を、住んでいる
家から立ち退かせたりするときにね。

一方で功利主義は、
ある行為の利益を得られないかもしれない少数の人々の
権利や影響（えいきょう）（はいりょ）に配慮することができない。

功利主義の欠点は？

より少ない幸せ

多くの人々が幸福になるためには、
少数の人々が苦しんでも
いいことになる。

幸福の意味は、
人によって異なるはずだ。

どうやって人の幸福と他の人の幸福を
比較（ひかく）したり、幸福を定義したり
するのだろうか？

どれだけの幸福がもたらされるかは、
簡単には予測できない。

権利はすべての個人にあるはずだが、
功利主義はだれの権利も
考慮（こうりょ）しない。

自分が正しいと思うことが、
いつも多数派が望むことだったり、
最も多くの幸福をもたらしたりすることとは
かぎらないよね。

それが多数派を幸福にするというだけで、
何百万人という多数派が、
少数派である数千人を殺すことが
正当化されたりするかもしれない。

行動の決めかた

道徳的な判断をするもう一つの方法は、結果ではなく行為に注目することだ。
それを**義務論**という。つまり、ルールを守って、とにかく正しいことをする、ということ。
例えば、クラスの全員が罰せられるのを防ぐためには
親友を裏切らなければならない、としよう。

ぼくには選択肢がふたつある。
問題は、フィンを裏切るか
裏切らないかだ。

友達を裏切ることは
間違っているから、
こっちの選択肢を選ぶよ。

| 友達を裏切る |
| 友達が罰せられる |

| 友達を裏切らない |
| クラスの全員が罰を受ける |

忠誠心が重要だと考える義務論者は、たとえ30人が罰されることになるとしても、
友達を裏切らないほうを選ぶかもしれない。
この考えかたの問題の一つは、その厳しさだ。
何が正しくて間違っているかについて、状況によって意見を変えたりすることができないんだ。

だれがやったか言わないと、
クラス全員が退学になって、
試験も全員不合格になるわよ。

うーん。
やっぱり友達を
裏切るべきだろうか？

行動に注目すれば、問題は、友達を裏切るか裏切らないか、ということになる。
でもそのクラス全員が極端に重い罰を受けたり、友達が想像以上に悪いことをしていたら、
忠誠を尽くすことが正しい選択とは思えないかもしれない。
私たちは、ときには直観や正しいと感じるかどうかで道徳を判断しなければならないのかもしれない。

「いい人」がしそうなことをする

道徳的な選択をするもう一つの方法は、
善人や高潔な人がどのように行動するかを想像することだ。
これは**徳倫理学**（とくりんりがく）として知られている。
これを実践（じっせん）するためには、善良であるとはどういうことかを定義しなくてはいけない。
善良な人に期待されることのリストはこんな感じだろうか？

親切で
親身

他者を
尊重する

いつも
他人の要求を
最優先する

公正で
ある

懸命（けんめい）に
働く

いつも
正直

この資質を全部持つ
人がいるかはわから
ないけど……。

仮に善良な人間が持つべき資質について納得（なっとく）できたとしても、問題は残る。
徳倫理学は、何をするのが正しいかを決めるための、
確かな方法を示せないんだ。

4人が住む家を壊（こわ）して
大きな公園を作る？
それとも家を残して
小さな公園を作る？

庭師のアランは聡明（そうめい）で
いい人だったよ。
アランならどうするかな？

わからないわ！
アランなら
どうしたでしょうね？

アランが
そこにいなければ、
どのように決断すれば
いいのかは
はっきりしないよね。

ルールはいろいろ

家庭によって、やりかたは違ったりする。学校でも地域でも、国でも違う。
道徳的な判断は、自分がいる共同体との関わりの中ではじめて決まる、
と指摘する哲学者もいる。つまり、一つの道徳的なルールが、
ある場所では正しく、別の場所では間違っているかもしれないということだ。

夫がふたりいることは悪いことなのか？　もしきみが道徳を相対的なものだと考えるなら、この質問にたいする答えは一つではない、ということになる。ふたりの夫を持つことは、ある視点から見ると間違っているけれど、別の視点から見れば正しいかもしれない。

でも、何が正しいかについて別々の共同体から来たふたりが議論するのは無理じゃないだろうか？
それは、どっちが左かについて意見が分かれるのにちょっと似ている。ふたりとも「左」の意味はわかっていて、どちらも左を指さしているとしても、もしお互いに向かい合っていたら、違う方向を指すことになるんだ。

道徳的相対主義の問題の一つは、だれがどう考えても間違っていると思われる行為がある、ということだ。
たとえ窃盗や拷問が許されている場所があるとしても、
ほとんどの人はそれが間違っていると言いたくなるはずだ——
自分たちにとってというだけでなく、いつ、どこでも間違っている、と。

相対主義の反対にあるのは、道徳的信念はいつも真実か偽[いつわ]りのどちらか一方である、
という考えかただ。これは**絶対主義**として知られている。
絶対主義者にとっては、きみがどの共同体に属しているかは関係がない。
人肉を食べることが間違っているなら、
あなたがどの時代の、どの共同体から来たとしても、間違っているんだ。

すべての人が従うルールはある?

すべての共同体で守られるべき普遍的[ふへん]な道徳のルールが、
少なくともいくつかはあるはずだ、という考えが、
世界人権宣言（UDHR）をはじめとする多くの国際的合意を生んできた。

1948年に採択[さいたく]された UDHR は、**すべての人**のための権利のリストを定めている。
これは、人間が尊厳と尊敬をもって生きることができる、より公平な世界を目指して作られたものだ。
このような合意は、国際的な法律によって裏付けられていることが多い。
ただしこれらの法律が適用されるのは、それに署名した国だけだ。

自分の倫理観を確かめる

ここで思考実験をしてみよう。
暴走列車が、線路につながれた10人の人々めがけて猛スピードで走っている。
きみの前には列車を別の線路に走らせることができるレバーがある。
でももしそれを動かせば、ひとりが死んでしまう。

きみはどうする？

> 10人の幸せは
> ひとりの幸せより大きいわ。
> 私だったらレバーを引いて、
> 10人を救うために
> ひとりを殺す。

> ひとりを殺すか、
> 何もしないかの選択だよ。
> 殺すのが間違っているなら、
> レバーを引くのも間違いだ。
> 10人が死んでも、
> 自分の責任じゃない。

そのひとりの人が親戚や友人だとしたら、選ぶのはさらに難しくなる。
あるいは、列車を止めるためにはレバーを引くのではなく、
人を線路に突き飛ばさなければならないとしたらどうだろう？
きみにはそれができるだろうか？
ここには正解がないような気がしないだろうか？

路上の哲学

自動運転車には、さまざまな状況でどのように反応するかを
指示するプログラムが必要だ。
自動運転車の設計者たちは、哲学者たちと協力してそのプログラムを作っている。

自動運転車は、
道路にいる3人を救うために
ハンドルを切ってひとりを殺すべきか?

自動運転車は、道路で3人にぶつかるのを
避けるために崖に飛び出し、
乗客ひとりを死なせるべきか?

崖に注意!

ほとんどの人は、最初の質問には「はい」、
2番目の質問には「いいえ」と答えるけれど、結果は同じだ。
自動運転車は、より多くの人を救う功利的な行動をとるべきか、
それともまず乗客を守るべきだろうか?
あるいは、そもそも自動運転車は禁止されるべきなのだろうか?
哲学者たちは、このような問題の解決策を
懸命に探しているんだ。

決めるのが難しいこと

人生には、（哲学者も含む）人々の意見が分かれるような
道徳的な問題がたくさんある。いくつか例をあげよう。

死ぬ権利

とても重い病気にかかった人は、医師の助けを借りてすぐに死ねる権利を持つべきだ、と考える人もいる。それは自殺であり、多くの人が間違っている

と考えている行為だ、と言う人もいる。きみの信念を支えているのは行為だろうか、その結果だろうか、あるいは他の何かだろうか？

> ガンで死にそうで、とても苦しいんだ。
> 医者に私が死ぬのを手伝ってほしい。

> 痛みや悲しみが
> 一時的なものだとしたらどうします？
> 医師が新しい治療法を見つけるかもしれない……。

> 医師がその仕組みを
> 悪用して、殺人を
> 犯すかもしれませんよ。

> 自殺幇助は
> 私の宗教に反する。

> 生命は基本的な
> 「権利」であり、
> それを奪うことは
> だれにもできない
> はずだ。

> 最も親切な解決法は、
> 患者の痛みや苦しみを和らげることだ。

死刑

国家は、殺人罪で有罪判決を受けた人の命を奪う権利を持つべきだろうか？

> もし受刑者が本当は無実だったら
> どうするの？　今までも無実の人が
> 間違って訴えられたことはある。

> 重大な犯罪を犯した人がいたら、
> その人は生きることを含めた
> 権利を失うんだ。

> 死刑執行という脅しは、
> 人々を怖がらせて、
> これから重大な犯罪を
> 犯さないようにさせるための、
> 一番いい方法だ。

> 有罪になった犯罪者がどんなに重い罪を
> 犯したとしても、その人がよりよい人間になるよう
> 手助けする義務が国家にはあるよ。

> だれも、国家でさえも、
> 人の命を奪う権利はないはずだ。

医療倫理

医師は日々、さまざまな倫理的課題に向き合わなければならない。
病院には、こうした決断の手助けをするグループや委員会がある。

> この子には緊急治療が必要ですが、
> 手術の許可を出す両親がここにいません。
> 待つべきでしょうか？

> 患者が犯罪を犯したと
> 私に告白しました。
> 警察に知らせるべきですか？

プライバシー

> 電子メールや電話やインターネットの
> 使用状況は、プライベートであるべきだ。
> 私にはプライバシーを守る権利がある。

> テロ攻撃を防ぐのに役立つなら、
> 国家が何をしようと構わないわ。

戦争

ある国が他の国に宣戦布告することは許されるのだろうか？

> 戦争が正当化されるのは、
> 自国の国民を攻撃して殺す他国を
> 止める方法がそれしかないときだけだ。

> 暴力はいつもさらなる暴力を招く。
> どの国も、常に平和的な解決策を
> 探すべきよ。

> 殺人は間違っているよ。
> 戦争は決して正当化されない。

> 邪悪な独裁者が何千もの人々を
> 殺すのを止める方法が
> 他にないなら、私たちは戦争に
> 行くべきだ。

> 戦争で死ぬのはいつも
> 罪のない人々だ。

法律を作る

だれもが納得するような答えを見つけるのは難しい。どんな国も、こういったことについて決定したり法律を作ったりするためには、賛成と反対のどちらの意見も検討しなければいけないんだ。法律は国によって大きく異なることがある。きみの個人的な考えが、きみの住む国の法律とは違うこともあるだろう。法律に反対する人の中には、その法律を変える運動をする人もいるよ。

きみが昨日会った
人と同じ人だって、
どうしてわかる?

時間って何?

時間を遡って
過去を変えることは
ありえるの?

第7章

時間と同一性
（アイデンティティ）

時間と同一性（アイデンティティ）は、
形而上学という哲学の分野で
議論される、ふたつの難しい問題だ。
形而上学は、存在、現実、空間、
物事の性質、原因と結果など、
あらゆる種類の問題
（中にはとても大きなものもある）を扱っている。
この章では、この幅広い分野の
ほんの一部を紹介しよう。

同一性（アイデンティティ）

どうして、あるものと別のものが同じだと判断できるんだろう？
変化しても、それがまだ同じものだということを、どんなふうに説明する？
これらは**同一性**に関する疑問だ。

「同じ」にはふたつの意味があって、それらをごっちゃにしないことが大切だ。
一つめの同一性は、**質的同一性**だ。
生産ラインから出たばかりの二台の車を想像してみよう。

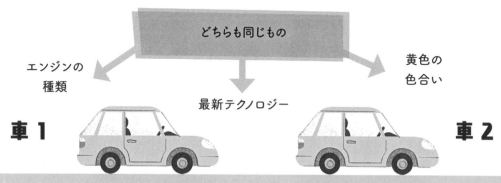

どちらも同じもの

エンジンの
種類

最新テクノロジー

黄色の
色合い

車1

車2

ふたつの車の質はどこも同じだ。ふたつがまったく同じであることを**質的に同じ**、と言う。
それでも二台は、別々の車なんだ。

さて、きみが車1を買った後にそれを盗まれたとしよう。
ある日、警察がきみの車を見つけたと言う。
それはきみの車には見えないが、間違いなくきみの車だ。というのも泥棒が……

……スプレーで赤く塗って

……ハブキャップを
交換していたんだ。

この車は見た目が少し変わったので、元の車と**質的に同一**とは言えないよね。
でも、**数的には同一**なんだ。
それは、一台しかないその車が、きみが買った車と同じものだということだ。
ある時点の車が別の時点の車と——とくに、
それが変化したときでも——同じだと、なぜ言えるんだろう？

でも、車はそんなに変わっていないよ。
ペンキを塗っただけなのに、
その車が消えて別の車があらわれたんだ、
って言うのはバカげてる。

じゃあ、
もしもっと根本的に
変わっていたら？

変化が少しずつなら、もし大きく変化してもそれは同じものであり続ける、ときみは考えるかもしれない。
13 ページのテディベアについての思考実験を覚えているかな？
同じことを、ここでは車を使って考えてみよう。

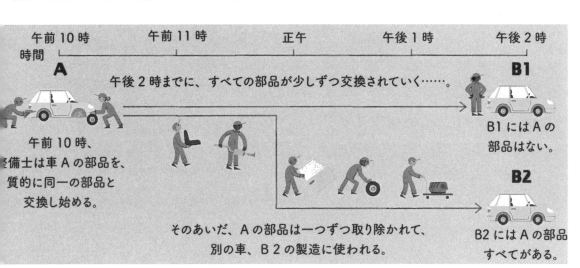

午前 10 時　午前 11 時　　正午　　午後 1 時　午後 2 時
時間　A

午後 2 時までに、すべての部品が少しずつ交換されていく……。

B1
B1 には A の
部品はない。

午前 10 時、
整備士が車 A の部品を、
質的に同一の部品と
交換し始める。

そのあいだ、A の部品は一つずつ取り除かれて、
別の車、B 2 の製造に使われる。

B2
B2 には A の部品
すべてがある。

午後 2 時には、B 1 と B 2 の二台の車がある。この二台は、質的には同じものだ。
そしてどちらも元の車 A とこの上なく似通っている。でも、数的に A と同じなのはどちらだろう？
A は一台しかなかったんだから、両方とも同じもの、というわけにはいかないよね？

完全に変化したら、同じものでい続けられないと思う。となると、B1 は A と同じ車ではないけど、B 2 は同じ車じゃないかな。

じゃあ、午前 10 時から午後 2 時までのいつの時点で、車 A は存在しなくなって、B 1 が存在するようになったのかしら？

うーん、そうか。それなら、B 2 は A とは違う車かもしれない。たまたま A の部品で作られた別の車なんだ。

でも、もし A の部品が全部取り去られて B 2 の製造に使われ、代わりの部品が交換されなかったとしたら？　B 1 は存在しないことになるよね。それでも B 2 は A ではないって思うの？

そうか、
じゃあどっちも
A だ！

でも、B 1 と B 2 は
ふたつのそれぞれ別の物よ。
数的に同じにはならない。

この議論が厄介に感じられるだろうか。
でも、さらに厄介なのが人間の同一性だ。
なぜ、どんなふうに厄介なのか。ページをめくってみよう。

人格の同一性

人間の場合となると、同一性の問題はもう少し複雑になる。

そもそも、何をもってひとりの人とみなされるのだろう？

人類であること？　脳があること？　心？　それとも他の何か……？

きみはこんな単純な哲学的質問をするかもしれない——

「この本を読み始めたときの私と今の私が同一人物であると、どうしてわかるだろう？」

でも、それに答えるのは簡単なことじゃない。

同じ体?

体が存在し続けているということはその人自身が存在し続けていることだ、と私たちは思いがちだ。

そうやって、ある瞬間（しゅんかん）と次の瞬間の人が同じ人間であることを見分けるんだ、と。

でも、同じ体を持っているからといって、

ある時点と別の時点のその人は、本当に同じ人間なのだろうか？

人格の同一性は**体の同一性**と同じものなんだろうか？

この考えを検討するのに役立つ思考実験がある。

サムが大事故にあう。
彼女（かのじょ）の脳は無事だが、
体の他の部分は
瀕死（ひんし）の状態だ。

新しい技術によって、
彼女の脳を傷つけることなく
取り出すことができた。

……その脳を新しい体に
移植すると、それは以前と
同じように機能する。
でも、彼女はまだサムと言
えるだろうか？

それが今でもサムだと思うのなら、きみは彼女のことを——

あるいはサムをサムたらしめているものを——

彼女の体と同じものだとは思っていないのかもしれない。

少なくとも、サムが彼女の全身だとは思っていないだろう。

その人がある時点から別の時点までずっと同じ人間であるのは、

同じ脳を持っているからだ、と考える哲学者もいる。

同じ脳?

もしサムが彼女の脳と同じなら、手術後に目覚めた人もサムと同じ脳を持っているので、
やはりサムだということになる。脳がどこにあっても、それさえあればサムなんだ、と。
でも、ここで確認しておくべき事実がある。私たちの脳はふたつの半球でできていて、
それぞれ独立して働くことができる、ということだ。

もしこんなことが
可能だとしたらどうだろう……?

サムの頭から片方の
半球を取り出して……

それを新しい頭に
(傷つけずに)入れる。

その結果あらわれた人のどちらか一方がサムだとしたら、どちらがサムなのだろう?

うーん、私にはよくわからないわ。
私を私にしているのは、きっと外側の肉体的
なものではなくて、私の思考や感情やその他
の心的状態なんだと思う。

そうね、でも私たちはそういう心的状態も脳
の中で起こっていると考えているから、結局
は私の心的状態も——つまり、私自身も
——自分の脳にあると思いがちなのよ。

でも、もしきみがきみであるために、脳が必要ないとしたら?
別の脳やコンピュータに自分の心的状態を宿らせることができるとしたら?
そのコンピュータや脳がきみだということになるだろうか?
イエスだと思うなら、きみは、別々の時点のその人を同一人物にしているものが脳の同一性ではなく、
心に関係するものだと考えているのかもしれないよ。
これはどういうことなのだろう?　次のページに行ってみよう。

同じ心?

意識の持続性こそが、別々の時点にいる人を同じ人間にしているものだ、
と主張する哲学者もいる。でも、これはどういう意味なのだろう?
同一性は記憶と関係している、という主張もある。
詳しく見てみよう。

2031年のルースが、〔自分は2011年にジョーと呼ばれていた人物と同一人物だ〕と主張しているとしよう。
意識の持続性という観点から見ると、ルースが2011年のジョーと同じ人物であるためには、
彼女がジョーだったときの経験を覚えていなくてはならない。

でも、それはおかしいよ。
もしルースがジョーの経験を
なに一つ覚えていないとしたら?
ルースはジョーになれないってこと?

ぼくだって5歳のときに経験したことは
ほとんど覚えていないんだよ。
80歳になったら、まったく何も
思い出せないかもしれない。
それでもぼくは同じ人間でしょ?

それでもいいのよ。
記憶が折り重なっていれば、
すべてを覚えている
必要はないの。

5歳

21歳

50歳

でも、思い出で同一性を定義することには問題がある──それは堂々巡りしてしまうんだ。

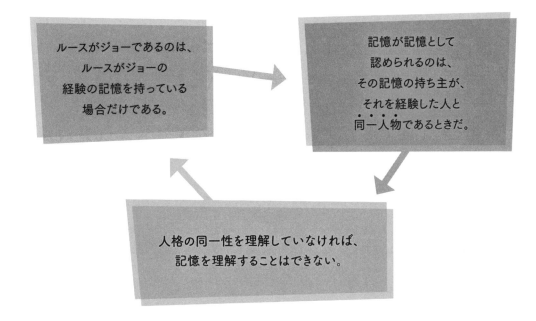

ルースがジョーであるのは、
ルースがジョーの
経験の記憶を持っている
場合だけである。

記憶が記憶として
認められるのは、
その記憶の持ち主が、
それを経験した人と
同一人物であるときだ。

人格の同一性を理解していなければ、
記憶を理解することはできない。

記憶という考えかたは、きみがすでに人格の同一性について知っているのを前提に成り立っている。
人格の同一性を説明するために、人格の同一性を使うことになってしまうんだ。

もう一つ思考実験をしてみよう。現時点ではSFのような話だけれど、
いつか可能になるかもしれない。

サムの脳は負傷している。
でも幸運なことに、科学者たちは
すでに彼女の心的状態のコピーを
作っていた……。

……そしてそれを
コンピュータに
転送した。

新しいサムと話していると、
昔のサムそっくりだ。

科学者たちが
私の生存を
お祝いしてくれたの。

もちろん、この処置が成功したと言えるのは、
サムの心的状態をコピーすることでサムが生き延びた、と思える場合だけだ。
もしそう思えないのなら、死んだサムのかわりにとてもよくできたコピーがあらわれただけ、と言うべきだろう。
もしきみがサムだったら、処置に同意する前に、本当はどっちなのかを知りたいと思わないだろうか？

時間

人はよく、時間をモノであるかのように語る。

それは流れて、過ぎ去り、私たちはその中を移動しているんだ、と。

そして時間は、過去から現在、そして未来へと一方向に進んでいくようにも見える。

でも、このような時間に関する常識的な考えかたは、哲学的には意味があるのだろうか?

私たちは出来事を**過去、現在、未来**という言葉を使って考えている。

時間は一つの決まった方向に流れていて、

まず出来事Aがあり、それからBがあって、Cが起こるものだ、とも思っている。

そして、出来事は位置を変える。私がお茶を飲んでいるとき、

本を読むのは未来だけれど、やがて現在になり、過去になる。

同じように、友人にメールをすることもやがては現在になり、のちに過去になる。

ここまではいい……本当に? イギリスの哲学者 J.M.E. マクタガートは、

この時間の考えかたには矛盾があると主張した。

矛盾とは、両方が同時に正しいはずがないふたつのことが、どちらも正しい状態のことだ。

つまり、時間そのものが成り立たないかもしれないんだ!

実際、時間は現実にはないものなのかもしれない。

ちょっと待って！
何が矛盾しているの？

「すべての出来事」に、
過去、現在、未来の
「すべての性質」があるでしょ。

でも、これらの性質は両立しないはず。
一つの出来事が過去でも現在でも未来でもある、
なんてことはありえないよね。

いや、でも、
同時でなければ……。

……でも、その時間こそ、私たちが説
明しようとしているものだよ！　時間とい
う言葉を使って時間を説明することはで
きない。堂々巡りになっちゃう！

その出来事は以前は未来であり、
今は現在であり、やがては過去に
なる、とは言えない？

その言いかたでも、
堂々巡りなのは同じよ！
しかも、出来事は変化するよね。
〔今ある現在〕の出来事は、やがて
〔過去にあった現在〕になる……
……でも、同時に〔現在の現在〕と
〔過去の現在〕の両方でいることは
できないでしょ。

まいったな……。

だから「いや、同時にではない」と言っ
ても無駄なのよ。そうすると、また次々と
新たな矛盾が生じるから……。

やれやれ。

哲学者たちは、これを解決するためのさまざまな方法を提案してきた。例えば、存在するのは現在だ
けだ、と言う人もいる。出来事が過去であるとか未来であるといったことは意味がないんだ、と。あ
るいは、過去も現在も未来もいっさい存在しない、と言う人もいる。すべては、きみが時間の中のど
こにいるかという相対的なものなんだ、と。混乱しているのはきみだけじゃないよ。中世の哲学者、
聖アウグスティヌスはこう言った。

時間とは何か？　そう尋ねられさえしなければ、
私にはそれが何かがわかっている。尋ねた人に
説明しようとしたとたん、わからなくなるのだ。

説明しようとさえしなければ、
時間はとても明白で単純なものに
思えるってことね！

タイムトラベル

タイムトラベルは面白い物語を生み出す。でもタイムトラベルをよく考えていくと、
それが論理的に不可能であることを示すような、重大な哲学的問題があらわれる。
論理的に不可能なことは、（物理学者がなんと言おうと）物理的にも不可能だ。

では、タイムトラベルとは何だろう？　厳密には、私たちはみな時間旅行をしている。
きみだって、この本を読み始めた時点から、未来に向かって旅をしている。
でも、人が普通タイムトラベルというときは、
過去という逆方向への旅か、だれよりも速い速度での未来への旅を指している。
このような「タイムトラベル」が、**パラドックス**（可能でも不可能でもある事態）を生み出すんだ。

巡り、巡り、巡り巡って……

アーサーがタイムマシンで未来に行き、タイムマシンの設計図を盗む。
彼が戻ってウェルズ教授に設計図を渡すと、教授はそれを使って、
アーサーを未来に連れて行ったタイムマシンを作る。
ここには**因果のループ**とも言うべきものがある。
つまり、その出来事自体が出来事の原因であるように見えるんだ。

祖父のパラドックス

アーサーが、祖父に子どもが生まれる前の時代に戻って祖父を殺そうとしたとしよう。
でもアーサーが祖父を殺したら、アーサーの父親は生まれず、
アーサーも生まれないことになる。では、アーサーはどうやって祖父を殺すのか？

どうしてアーサーは祖父を
殺せないんだろう？
論理の法則のせい!?

それだけじゃないよ。
アーサーは、自分が何かする前に
祖父を殺せるとも言えるし……

……殺せないとも言える
（アーサーが祖父を殺せば、過去に戻って
祖父を殺すアーサーは存在しない）。
これは**論理的矛盾**よ。

祖父のパラドックスを解決した、という人もいる。もしその殺人行為によって、
出来事が別なふうに展開するような新しい宇宙が生まれるなら、
アーサーは過去に行って祖父を殺すことができるだろう、と。
この宇宙ではアーサーは生まれないけれど、
彼が生まれた別の宇宙からこの宇宙に移動すれば、存在することができる。

うーん。こんな説で、
ぼくたちの知るかぎりまだ起こって
いない出来事の説明をするのは
なんだか変だよ。

そうだね。私たちに言えるのは、
もしパラレルワールドがあるなら、
そういう意味でのタイムトラベルは
可能かもしれない、
ということくらいね。

でも、それはタイムトラベルとは
言えないよね？　どっちかっていうと
マルチ・ユニバース・トラベルだ。

仮にタイムトラベルが論理的に可能だとしても、まだ別の疑問がある。

タイムトラベラーはどこにいった？

2009 年 6 月、物理学者のスティーヴン・ホーキング博士は
「未来のタイムトラベラー全員」にパーティーの招待状を送った。
じつはそれを送る前にパーティーは開催されていたのだが、もちろん、だれもあらわれなかった。
ホーキング博士が言いたかったのは、タイムトラベルが可能なら、
いつかだれかが実行するはずだ、ということだった——
もしそうなら、未来から来た人とも会えるだろう、と。単純な話だろう？

文章はいつも
正しいか間違いかの
どちらかなの?

「犬」の意味は、
それが指している
対象のこと?

過去に何度も
あったのだから
これからもまた起こるだろう、
と信じるのは論理的?

第8章

論理と言語

哲学の中心には、
考えや主張を表現するための言葉と言語がある。
でも、言葉の選びかたや使いかたは、
人によって違ったりする。
じゃあ、人が本当には何を言いたいのか、
どうやって知ることができるのだろう？
そして、哲学の中心となる道具である言葉が
これほど誤解されやすいなら、
哲学をどうやって信頼すればいいのだろう？

その答えを見つけるために、
たくさんの哲学者が言語そのものに注目している。
彼らは言葉をさらに分解して、前提や結論といった
論理学の道具を使い、あることが別のことから
正しく導き出されているのかどうかを確認しているんだ。

いろいろなやりかたで考えてみる

哲学は、数学と同じように、いくつかの規則に従っている。
たいていは、いくつかの**前提**から論理的に導かれる**結論**に向かって考えを進めていく。
この簡単な会話をよく見てみよう。

> だれかドアを
> ノックしなかった？

> だれかが玄関にいるときは、
> いつもファジーが吠えるんだ。

> ファジーは吠えなかった。

> つまり、玄関には
> だれもいないよ。

Zzzzzzzzzzz
ファジー

哲学者ならこの会話を、論理学 (→ p.10-11) ——別の言いかたをすれば
演繹的推論を使って分解するかもしれない。それは次のようなものだ。

前提 1	前提 2	結論
だれかが玄関にいるときは、いつもファジーが吠える。	ファジーは吠えなかった。	玄関にはだれもいない。

演繹的推論がすぐれているのは、確実なところだ。
前提が真実であり、全体の論証が正しければ、
論理的に、結論もおのずと真実だということになる。

もちろん、どちらかあるいは両方の前提に間違いがあれば、
議論は失敗だ。例えば、だれかが玄関にいても
ファジーがいつも吠えるとはかぎらない。

経験したことから考える

もう一つの議論の方法に**帰納的推論**がある。
身の回りから集めた証拠や感覚から得た情報を元にして、ありえるかもしれない結論を導き出すんだ。

> 昼前にあのカフェに行くと、いつも静かでいい雰囲気なのよね。

> いいね。今は午前10時だから、テーブルは空いているはずだよ。

「昼前のカフェは静かだ」という発言を支えているのは、そういうときを何度も見た、ということだ。これを理由に、きっと次に行っても同じだろう、と結論することができる。

18世紀、スコットランドの哲学者デイヴィッド・ヒュームは、帰納的推論に反論した。

> 明日、太陽があの丘から昇るよ。

> 太陽が明日昇ると、どうしてわかるのです?

> これまでの人生で、毎日昇るのを見てきたんだ。だから当然、明日も昇る!これが帰納的推論さ。

> 未来が過去とそっくり同じでなければ、あなたの信念は正当化されません。でも、確実ではないでしょう。あなたがそれを信じるのは、これまでいつもそうだったというだけで……。

過去にそれが起こったからといって、また起こるとはかぎらない。でも、私たちが明日も太陽が昇るだろう、と信じているのは確かだ。帰納的推論は確実ではないけれど、日々の思考の中で、私たちはそれを使わずにはいられないようだ。

嘘つきのパラドックス

言語は論理的な規則に従っているのだろうか?
もしそうなら、文章は〔真実〕と〔誤り〕の二種類に分けることができるはずだ、
と主張する哲学者もいる。でも、真実を求めて矛盾にぶつかることもある。
嘘つきのパラドックスとして知られる、こんな謎を考えてみよう。

この文章は誤りである。

これは真実?
それとも誤り?

もしこれが真実なら、
ここに書いてあることは
誤りになるよね。でも、
もしこの文が誤りなら、
この文は本当は真実を
語っていることになる。
ちょっと待ってよ……。

あの文は
真実ではない。

じゃあ、これが真実なら誤りで、
誤りなら真実ということ?

そ……そうだね!

でも、真実であると同時に
誤りであるものなんてないよ!
意味が成り立たないもの。

この文が真実か誤りかを言い当てるのは難しい、というか、おそらく不可能だ。
すべての文に論理が通用するわけではないのかもしれない。

言葉の意味を考える

言葉の意味とは何だろう？　その言葉が指し示す物理的な対象なのだろうか。
だとすれば、「エベレスト」という言葉の意味は山そのものだ。
でも「エベレスト」の意味が「世界で最も高い山」のような、
その山に関する概念や情報であるように思えることもあるかもしれない。

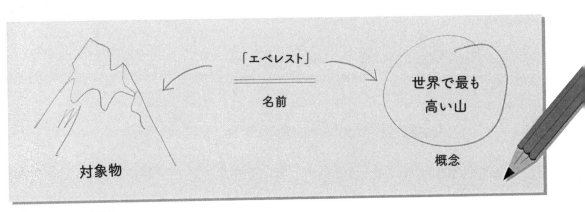

どちらの意味も納得できるけれど、両者はまったく別のものだ。
「エベレスト」はヒマラヤ山脈にある山を指しているけれど、「世界で最も高い山」という表現は、
他の場所にある山を指している可能性もある。

バジルという猫で考えてみよう。バジルは車を追いかけるのが好きだ。
それに、人の家の玄関先で寝るのも好き。

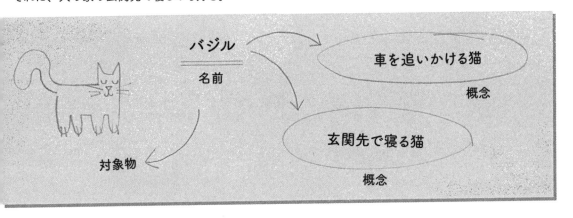

「車を追いかける猫」と「玄関先で寝る猫」では意味が違うのに、どちらの文もバジルという同じものを指している。これは、意味がいかにさまざまに捉えられるかを示しているんだ。では、単語の正確な意味を求めることに意味があるんだろうか？
次のページには、また別の視点がある。

意味は使いかた次第

言葉や言語には一つの決まった意味がある、という考えかたを否定する哲学者もいる。
言葉の意味は、文の中での使いかたや表現方法、言語そのものに左右されるんだ、と。

旅はいかがでした？

あっというまでした！
バスに乗って、
それから5分歩いただけ。

いえ、そうじゃなくて、
あなたの旅はどうでした？

ああ、ぼくの人生の旅路ですね！
とても大変でしたよ。ここに来るまで、
長い時間がかかりました。

こうしてみると、意味がいかに不確かなものかがわかるだろう。
では、文脈から離れた単語だけの意味を探すことに意味があるだろうか？
あまりなさそうだ。

今週末にパーティーを
開きましょう。

言葉の意味は、聞き手によっても変わる。ある人が考えるパーティーと、別の人が考えるパーティーはまったく違うかもしれない。では、自分たちが同じことを話していると本当に確信できるだろうか？
きっとわからないだろう。

意味と書き手

きみが読むどんな言葉も、だれか——作者——が書いたものだ。ある文章を理解しようとするとき、作者の真意を考えなくても理解できるだろうか？　理解できる、と考える人もいる。そういう人たちは、意味は書き手ではなく、文章そのものによって決まる、と考えているんだ。

> ウサギの穴に落ちる女の子の話だよね。

> 大人から助言されて混乱する話だ。

> 成長して、真の知識を探究する話でしょ。

> 薬物を摂取（せっしゅ）する危険についての話だと思ったよ。

多くの本には複数の意味が隠（かく）されていて、無限に解釈（かいしゃく）することができる。
だから、読者がその本の本当の意味について自分なりの意見を伝えることができるなら、
作者のねらいは問題ではないのかもしれない。

でも、作家について知ったことで、
見かたが変わることもある——だから、重要なことでもあるかもしれない。

> この作者はカラスについてたくさん書いている。鳥が大好きなんだね。

> でも、作者がこれを書いたのは彼の妻が亡（な）くなった後だよ。カラスは死の象徴（しょうちょう）だと思うな。

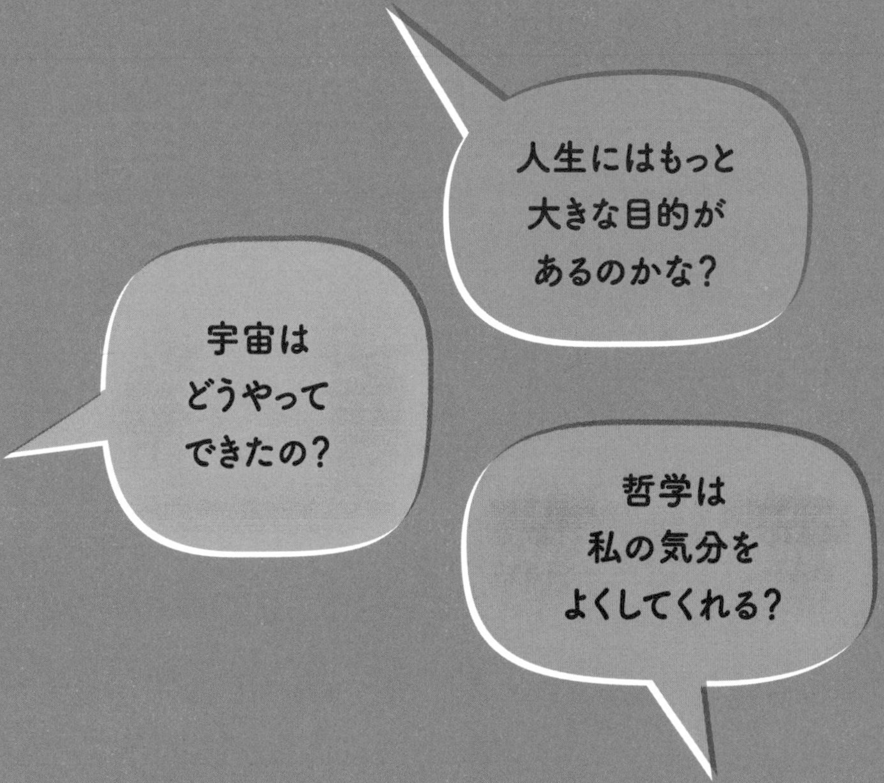
人生にはもっと大きな目的があるのかな?
宇宙はどうやってできたの?
哲学は私の気分をよくしてくれる?

第9章

人生の意味

哲学はよく、芸術、倫理、知識といった
人生の側面に目を向ける。
でも、それはどのように組み合わさっているのだろう？
これまで私たちは哲学を、
趣味や仕事のように「実践」するものとして見てきた。
でも人によっては、哲学は単なる活動や思考法ではなく、
生きかたの指針を与えてくれるものなんだ。
たくさんの人が、哲学を生きかたそのものだと考えている。

いい人生とは？

古代の哲学者たちは、知恵と徳に満ちた生活を追い求めて富を捨て、
あるいは家を出て、とても規律正しい生活を送った。
彼らは哲学を、自分がよりよい人間になるための
実践的な方法であってほしい、と思っていた。

いい人生とは、
心身の痛みから
解放されることだ。
私たちは簡潔に生きて、友人
たちとの交わりを楽しむよ。

エピクロス派

外の状況を気にすることはない。
快適であろうとなかろうと、
現実を受け入れなさい。
高潔に行動しなさい。

ストア派

私たちは調査する。
確かでないことは
信じないように
しているんだ。

古代の懐疑主義者

こうしたことをしてきたのは数千年前の人々だけではない。
20世紀の哲学者たちも、哲学によって人生を変えようとした──
ただし、規律はもう少しゆるやかに。

すべての選択に責任を持たなくて
はならない。人生を自分で切り開く
自由があることを忘れないで！

実存主義者

コーヒーから雨まで、私はあらゆるもの
に注意を払い、それをどのように経験
したかを説明するよ。

現象学者

自分の哲学を生きた哲学者で最も有名なのは、おそらくソクラテスだ。

彼は生計を立てなかった。街の政治にも参加しなかった。

靴さえ履かなかったんだ。

その代わりに、彼は一生をかけて街を歩き回り、人々の信念に問いかけ、知識を追求した。

私は美徳について知らないし、知っているつもりもない。

私は美徳について知っているぞ。

本当に？ それなら質問がたくさんあります。

生きかたとしての哲学を追求することに興味があっても、

裸足で歩き回ったり、持ちものを手放したりする必要はない。

自分の信念を吟味すればいいんだ。

人生を、探究の道のりにしてみよう。

決まった信念を持つのと、自分の信念をいつも確認して変えていくのとでは、どちらがいいんだろう？

何も信じないことはできるのかな？

自分のことは自分の行動で定義するべき？ そもそも自分を定義すべきなんだろうか？

人は決まった仕方で行動しなければいけないの？

社会を作るためのもっといい方法はないだろうか？

考えがはっきりしてないことや知らないことがあるのは、認めていいんだ。

それを認めたときこそ、知識と発見への第一歩を踏み出したことになる。

そうしてきみは、新しい疑問にたいする答えを見つけるという——

やるべきことを見つけるんだ。

人生の意味って何だろう？

哲学を考えるとき、この問いがよく頭に浮かぶ。

> 空や星空を見上げると、
> 宇宙はとても広大で、
> 私たちはとても小さいと思う。
> これってどんな意味があるんだろう？

> 何が言いたいのか
> よくわからないよ。

> 宇宙について、
> 自分が納得できるような
> 説明がほしいんだ。

> それって
> ぜいたくかな？

私たちが存在する理由を理解しようとすることで、人生の意味を探す人もいる。
それは、宇宙そのものを説明することにもなる。

それを歴史や由来という観点から
説明する人もいる。

> 宇宙はビッグバンで始まり、
> それ以来、
> 膨張し続けています。

宇宙の目的や、これからどうなるかについて
語る人もいる。

> 宇宙はいずれ大きな衝撃とともに
> 崩壊すると思います。
> それが宇宙の目的なのかも
> しれない……。

でも、どちらの説明にも、さらなる疑問が出てくる。
なぜビッグバンが起きたのか？　宇宙が崩壊した後はどうなるのか？
このわけのわからなさには、何か目的があるのだろうか？

ほとんどの説明にはさらなる説明が必要だ。人生の意味についてどんな話を聞かされたとしても、きみがなぜその話が大事なのかと尋ねれば、また別の話を聞かされるだろう。

哲学者が言うように、これは無限後退の問題なんだ。

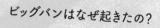

ビッグバンはなぜ起きたの?

その前は、すべてが信じられないほど熱く、濃密だった、それで爆発したんだ。

でも、なぜ?

わからない。どんなふうにかは説明できたとしても、なぜかは説明できないよ。もしきみが質問し続けたら私は別の説明をするし、きみは私にその説明への説明を求めるだろうね。

だとしたら、最初の私の質問に答える方法はあるのかな?

ジャガイモの意味はなに?

無意味な質問のように思えるよね?

ジャガイモの話をすることはできるけど、つきつめれば、それはただのジャガイモだ。

宇宙もジャガイモのようなものだ──宇宙の意味を問うことは、ジャガイモの意味を問うようなものなんだ。

宇宙はただそこにあるものだ。ある程度のところで、きみもなぜと問うのをやめることになる。

ジャガイモを見て!
なぜここにあるのかよくわからないけど、とにかく素晴らしいよね。

見よう!

これは納得のいく答えではないかもしれない。でも、納得いかないのには理由がある。

普通、人が人生の意味とは何かと問うとき、じつは別のことを問いかけているんだ。

先に進んで、本当の問いを探ってみよう。

自分の人生をよくするには

人生には、他のことがどうでもよくなるくらい面白くて、魅力的な経験がある。
でも、そんな魅力を感じていないとき、なぜ自分はここにいるのだろう、と思うかもしれない。
人生を有意義に感じられるのはどんなときなんだろう?

きみが人生を意味あるものにする

ひとつの考えかたは、きみの経験を豊かで生き生きとしたものにするのはきみ自身だ、というものだ。
きみがここにいる理由を決めるのはきみだ。きみの人生の意味は、きみが決めるんだ。

自分のすることを選ぶのが一番大事なのよ。何が自分の人生を有意義なものにするかは、私が決める。だから私は……

……ライオンに歌うわ。

ガオー!

キャー!

待って。選ぶのは私だけど、ある行動よりも賢明な行動って、確かにある気がする。

苦しみたくないのなら、賢明に行動することが必要だよね……。

……でもだとするなら、私が何かを選ぶことはできなさそう。

自分の人生のために選ぶ自由があるとしても、なんでも選べるわけではないようだ。
ある選択は他の選択よりも賢明で、有意義なものなのだろう。

正しいことをする

人生を意味のあるものにするものと、しないものがある、と考える哲学者もいる。
でも、それが実際に何であるかの意見が一致することはほとんどない。

創造性

人々の生活を
向上させること

人や動物との
つながり

自分自身について
知ること

よい人間でいること

人として
成長すること

新しい何かを
発見すること

学ぶこと

本物であること

こういうことを実践しても、
驚いたり夢中になったりできない
こともありそうだな……
……それにこのヒントの中には、
実際に何を意味しているのか
わからないものもある。

意味はない —— それでいいんだ

今のふたつの考えかたには、人生を意味のあるものにしなければならないという——
つまり、何かをしなければ人生は無意味だ、という前提がある。でも、それは本当だろうか？
人生は、そのままで十分豊かなのかもしれない。
人生がこれからどうなるかという期待が、
今、すでにある人生を見えにくくしているかもしれない。
一般的に人は、意味があることとそうでないことを分けて考えるものだ。

でも、そんなことをして
いいのかな？ 単純な
出来事だって、魔法の
ような体験になるかも
しれないのに。

自分の目で確かめてみよう。
この本のページの手触りや雨粒のゆくえと
いった、単純なものに注意を払ってみよう。
じっくりと注意を向けてみたとき、
きみの体験はどんな感じかな？
魅力的だろうか？

次はどうする?

哲学は難しいときもある。もし簡単なら、人生の大きな疑問にもすでに答えが出ているはずだ。
だから、もしきみがこの本を読みながら何度かイライラしたのなら、素晴らしい!
きみはこの本をちゃんと読んでいたということだよ。

でも、哲学のことや、哲学がどんなふうに役立つかを少し知ったところで、
実際に哲学を使って何ができるんだろう?
家族や先生を困らせるのは別として……。

本を置いて、宿題を
終わらせなさい!

ぼくたちはふたりで、
あなたはひとりしかいない。そして、
ぼくたちはどちらも宿題をしたくない。
ということは、宿題をしないほうが
より多くの人のためになるんだ。

未来は過去になるんだから、
今やらなくても宿題はいつか
終わっているはずだよ。

私たちは何も知ることが
できない、って書いてあった。
じゃあ、学校に行って
勉強する意味はあるの?

知る価値がある事実を、
だれが選ぶんだろう?

遅刻したのは私のせいじゃ
ありません、先生。
今朝、私が必ず遅刻するように
宇宙はできていたんです。

本当に哲学にのめり込んでみたくなったら、簡単なのは本をさらに読むことだ。125ページには、歴史上最も影響力のある思想家のリストがある。そこから彼らの思想を探してみよう。

でも、哲学を実践する最良の方法は、人々と議論することだ。哲学者が主張と言うとき、それは前提と結論のセットを指していることを忘れないでほしい。彼らはお互いに叫び合うのが好きなわけではない——そうする哲学者が実際にたくさんいるとしてもだ。もし主張があれば、それをだれかに問いかけてみよう。その主張に間違いがあると言われたら、主張を擁護したり、改善したりしてみよう——ただし、礼儀は忘れずに。どこでやればいいか？　学校や地域の図書館に哲学研究会があるかもしれないし、自分で集まりを作ることもできるだろう。

どうして哲学をするの?

この本を読み終えたきみが、哲学は興味深くて、楽しく、ときには役に立つものだと思ってくれていたら、うれしい。哲学について哲学者が語った言葉をいくつか紹介しよう。

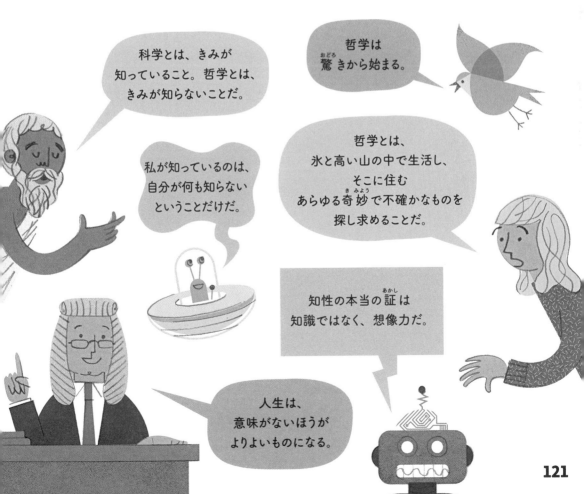

科学とは、きみが知っていること。哲学とは、きみが知らないことだ。

哲学は驚きから始まる。

私が知っているのは、自分が何も知らないということだけだ。

哲学とは、氷と高い山の中で生活し、そこに住むあらゆる奇妙で不確かなものを探し求めることだ。

知性の本当の証は知識ではなく、想像力だ。

人生は、意味がないほうがよりよいものになる。

いくつかの謎

哲学者が好きなことといえば、謎やパズルやパラドックスを考え出すことだ。
きみの哲学的能力を試すために、いくつかの謎をここに紹介しよう。
解決不可能に思えるものもあるが、これらの質問のほとんどすべてに、
答えになりそうな考えが示されている。

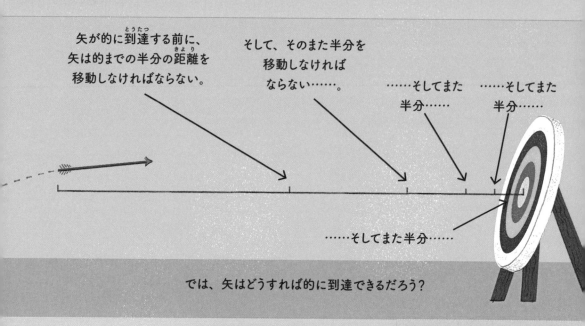

矢が的に到達する前に、
矢は的までの半分の距離を
移動しなければならない。

そして、そのまた半分を
移動しなければ
ならない……。

……そしてまた
半分……

……そしてまた
半分……

……そしてまた半分……

では、矢はどうすれば的に到達できるだろう?

きみが考えるとき、
言葉を使って思考しているの?
それとも言葉がなくても
思考はできる?

できると思うけど、
言葉を使わずにその考えを
あらわすことはできないよ。
ずるいや!

オレンジはいつ……

……黄色になる?

自分の家族がものすごく
リアルなロボットと
入れ替わったら、
どうやって見分ける？

もし入れ替わったとして、
それは問題なのかな？

宇宙とそこに存在するなにもかもが
毎秒2倍の大きさになっていったら、
それに気づくことはできる？

あーっ！
メジャーがどんどん
長くなっていく！

床屋が一軒しかない町が
あるとしよう。その床屋は、
自分では髭を剃らない人の
髭だけを剃る。

うーん、もし床屋が自分で髭を
剃らないなら、床屋に行って
髭を剃ってもらう必要があるよね。
そして彼は町で唯一の床屋だ。

床屋本人は、
自分の髭を剃っていいの
だろうか？

でも、もし彼が自分で髭を剃っ
たら、彼は自分のルールを破る
ことになる。混乱しちゃうな！

ポイ捨てを死刑にするのは
正しいことだろうか……

……そうすればポイ捨てがなくなると
わかっていたら？

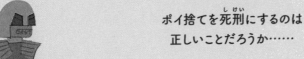

用語解説

ここでは、この本で使われているいくつかの用語について説明する。
傍点が打たれている用語は、他の項目で説明されている。

意味 言葉の使われかた、また、他者による理解のされかたのこと。

演繹的推論 純粋に論理に基づいて結論を出すこと。

懐疑主義 だれにも確かなことはわからない、という立場をとること。

帰納的推論 過去の経験に基づいて結論を出すこと。

客観的 いかなる個人の視点にもとらわれていないこと。

決定論 起こることはすべて予測可能であり、自然の法則と宇宙が始まったときの状態に基づいているという信念。

結論 前提に従った主張の結果のこと。

自由意志 別のことを退け、ある一つのことをするのを選ぶ能力のこと。

主観的 一個人の視点からのみ真実であること。

主張 特定の結論に到達しようとする試みで、たいていはいくつかの前提から始まる。

首尾一貫した 一連の考えや信念のすべてが互いに支え合っていること。

循環論法 結論が真実であると仮に決めておかないと前提が始まらないような主張のこと。

支離滅裂ではない 一連の主張がお互いに矛盾していないこと。

脆弱な主張 前提がすべて真実でない、または結論が前提から論理的に導き出されていない主張。

正統 政治において、人々が同意すれば、それがそのままでいる権利を持つこと。

正当化 何かが事実である理由の説明のこと。

前提 真実であると主張している文のこと。

妥当 結論がその前提から論理的に導かれている主張。

適切な主張 前提が真実であり、その前提から結論が論理的に導き出されている主張。

同一性 ものや人を、そのものや人たらしめているもの。

道徳 ある社会において、多くの人がいいと同意する行動やふるまいかたのこと。

パターナリズム 人々の利益のために、人々の自由を制限するルールを設定すること。

パラドックス 一見真実のように見えるが、同時に矛盾している文。

美学 美と芸術の学問。

無限後退 確かな土台がなく、常に別の正当化に頼っているような主張のこと。

無効 結論が、前提から論理的に導き出されていない主張のこと。

倫理学 正しいことと間違っていること、善と悪、義務と責任についての学問。

論理 主張が有効であることを検証するための形式的な仕組み。

こんな哲学者たちがいた！

この本を通じて、たくさんの哲学者たちの思想を伝えてきた。
章ごとに、彼らの名前と、彼らが生きた時代と場所を紹介しよう。

哲学って何?

デイヴィッド・ヒューム（スコットランド 1711-76 年）、ソクラテス（アテネ 紀元前 470 年頃 -399 年）

第1章：知識

アル＝ガザーリー（セルジューク帝国 1058-1111 年）、ジョージ・バークリー（アイルランド、イギリス 1685-1753 年）、ルネ・デカルト（フランス、オランダ 1596-1650 年）、ゴットロープ・フレーゲ（ドイツ 1848-1925 年）、エドムント・ゲティア（アメリカ合衆国 1927-2021 年）、バートランド・ラッセル（イギリス 1872-1970 年）

第2章：心

エリーザベト・フォン・デア・プファルツ（ドイツ 1618-80 年）、ルネ・デカルト、ヒラリー・パトナム（アメリカ合衆国 1926-2016 年）

第3章：美と芸術

アラン・ゴールドマン（アメリカ合衆国 1945 年 - 現在）、イマヌエル・カント（ドイツ 1724-1804 年）、プラトン（アテネ 紀元前 429 年頃 -347 年）、ジョン・ラスキン（イギリス 1819-1900 年）

第4章：神

カンタベリーのアンセルムス（イタリア、イギリスおよそ 1033-1109 年）、聖アウグスティヌス（北アフリカ 354-430 年）、ブレーズ・パスカル（フランス 1623-62 年）

第5章：政治

トマス・ホッブズ（イギリス 1588-1679 年）、ハンナ・アレント（ドイツ、アメリカ合衆国 1906-75 年）、ジョン・ロック（イギリス 1632-1704 年）、カール・マルクス（ドイツ、イギリス 1818-83 年）、ジョン・スチュアート・ミル（イギリス 1806-73 年）、メアリー・ウォーノック（イギリス 1924-2019 年）

第6章：よく生きるには

アリストテレス（アテネ 紀元前 384-322 年）、ジェレミー・ベンサム（イギリス 1748-1832 年）、孔子（中国 紀元前 550 年頃 -479 年）、フィリッパ・フット（イギリス 1920-2010 年）、イマヌエル・カント、セーレン・キルケゴール（デンマーク 1813-55 年）、ジョン・スチュアート・ミル、ジュディス・ジャーヴィス・トムソン（アメリカ合衆国 1929-2020 年）

第7章：時間と同一性（アイデンティティ）

エリーザベト・フォン・デア・プファルツ、ジョン・ロック、J. M. E. マクタガート（イギリス 1866-1925 年）、バーナード・ウィリアムズ（イギリス 1929-2003 年）

第8章：論理と言語

ロラン・バルト（フランス 1915-80 年）、ノーム・チョムスキー（アメリカ合衆国 1928年 - 現在）、ジャック・デリダ（アルジェリア、フランス 1930-2004 年）、ゴットロープ・フレーゲ、デイヴィッド・ヒューム、バートランド・ラッセル、ルートヴィヒ・ウィトゲンシュタイン（オーストリア、イギリス 1889-1951 年）

第9章：人生の意味

ガウタマ・シッダールタ（釈迦）（インド 紀元前 480-400 年頃?）、ジャン＝ポール・サルトル（フランス 1905-80 年）、シモーヌ・ド・ボーヴォワール（フランス 1908-86 年）

さくいん

あーおもしろかった。
哲学の世界では、いろんな人たちが
たくさんの問いに
向き合ってきたんだね。

どこでそれを知ったの?

……今、この本で
読んだんだよ。

ふーん……

えっ。このやり取り、
なんだか既視感(きしかん)があるなあ。
まさか、タイムループ……。

……それを真実だと言えるのかしら?

じゃあ、もう一回読んでみる?

PHILOSOPHY FOR BEGINNERS
by Jordan Akpojaro, Rachel Firth and Minna Lacey
Illustrated by Nick Radford
Copyright © 2020 Usborne Publishing Limited
Japanese translation rights arranged with Usborne Publishing Limited, London
through Tuttle-Mori Agency, Inc., Tokyo

世界基準の教養 for ティーンズ
はじめての哲学
2024年4月30日　初版発行

文　ジョーダン・アクポジャロ、
　　レイチェル・ファース、ミンナ・レイシー
絵　ニック・ラドフォード
日本語版監修　戸谷洋志
訳　川野太郎
日本語版装幀　渋井史生
日本語版デザイン　株式会社グリッド
発行者　小野寺優

発行所　株式会社河出書房新社
〒151-0051
東京都渋谷区千駄ヶ谷2-32-2
電話03-3404-1201(営業)
　　03-3404-8611(編集)
https://www.kawade.co.jp/

Printed in UAE　ISBN978-4-309-62272-9